ARWYR CYMRU

Arwyr Cymru

JON GOWER

Noddir gan
Lywodraeth Cymru
Sponsored by
Welsh Government

CYNGOR LLYFRAU CYMRU

ISBN: 978 1 78461 547 5
Argraffiad cyntaf: 2018

Mae'r prosiect Stori Sydyn/Quick Reads yng Nghymru
yn cael ei gydlynu gan Gyngor Llyfrau Cymru
a'i gefnogi gan Lywodraeth Cymru.

Argraffwyd a chyhoeddwyd gan
Y Lolfa, Talybont, Ceredigion SY24 5HE
gwefan www.ylolfa.com
e-bost ylolfa@ylolfa.com
ffôn 01970 832 304
ffacs 832782

CYNNWYS

RHAGAIR

MAE POB MATH O berson yn medru bod yn arwr –
yn fugail neu'n fardd, yn aelod o'r teulu neu'n
arweinydd tîm chwaraeon. Gan amlaf mae
arwr wedi bod yn ddewr mewn rhyw ffordd
neu'i gilydd a bron yn ddieithriad, mae arwr
neu arwres yn ysbrydoli, yn codi'r galon neu'n
ehangu ein gorwelion.

Y gobaith yw y bydd y llyfr hwn yn eich
ysbrydoli chithau wrth ichi ddarllen am ambell
un sydd yn ddim byd mwy nag enwau i chi,
efallai, fel Betsi Cadwaladr neu'r dywysoges
Gwenllian, y naill yn nyrsio a'r llall yn ymladd
ar faes y gad.

Ambell waith mae pobl yn dod at ei gilydd
i fod yn arwyr, fel Merched Beca yn brwydro
yn erbyn codi tollau er mwyn teithio ar hyd
hewlydd cefn gwlad, neu'r Siartwyr yn martsio
yng nghymoedd y de i brotestio ynglŷn ag
annhegwch gwleidyddol.

Drwy addysg neu farddoniaeth, drwy godi
llais neu godi cleddyf, mae'r amrywiaeth o
arweinwyr yn y llyfryn bach hwn yn dangos
gwerth gwneud safiad, gan sefyll yn gefnsyth a
dewr a mynnu'ch hawliau. Byddwch yn dysgu
am offeiriad wnaeth arwain y byd ym myd

addysg, am emynwr gorau'n gwlad, a hefyd am un o fy arwyr personol i, sef y bardd a'r crwydryn W. H. Davies, a deithiodd yn bell er mwyn dysgu bod yn rhaid sefyll yn hollol, hollol lonydd er mwyn gweld y byd yn glir. Ac, wrth gwrs, byddwch yn darllen am Owain Glyndŵr, tywysog ac arwr sydd nid yn unig yn byw yn y cof ond sydd yn ysbrydoli pobl hyd y dydd heddiw, wrth i'w faner chwifio fry uwchben.

Gallai'r rhestr o arwyr fod wedi bod dipyn yn hirach, a gallwn fod wedi ychwanegu enwau newydd o hyd, ond gobeithio y bydd y detholiad yma o 13 arwr, neu fudiadau arwrol, yn profi bod hanes gwlad fach fel Cymru yn llawn arwyr dewr a thalentog sy'n fodlon herio'r drefn a mynnu dyfodol gwell.

BETSI CADWALADR

Nyrs ynghanol rhyfel

MAE ENW BETSI YN adnabyddus i filoedd o bobl sy'n ymweld ag ysbytai yng ngogledd Cymru oherwydd mae'r bwrdd iechyd yno wedi ei enwi ar ei hôl.

Sefydlwyd Bwrdd Iechyd Prifysgol Betsi Cadwaladr yn 2009, gan uno chwe bwrdd iechyd yng ngogledd Cymru i greu'r awdurdod iechyd mwyaf yng Nghymru. Mae dros 18,000 o staff yn gofalu am tua 700,000 o bobl yn Ynys Môn, Gwynedd, Conwy, Sir Ddinbych, Sir y Fflint a Wrecsam. Ond o'r cannoedd o filoedd hynny, prin iawn yw'r bobl sy'n gwybod am Betsi, ac am ei bywyd anhygoel. I'r rhan fwyaf, dim ond enw yw hi ar arwyddion ar y ffordd i mewn i'r clinig, neu i'r adran belydr-X.

Teithiodd Betsi Cadwaladr ar draws y byd yn gweithio fel morwyn ar fwrdd llongau, cyn gwasanaethu gyda Florence Nightingale yn Rhyfel y Crimea yn nwyrain Ewrop. Roedd Florence Nightingale, 'The Lady with the Lamp', yn enwog am ei gwaith ym myd nyrsio. Byddai'n gofalu am filwyr yn ystod y rhyfel, gyda channwyll neu lamp yn ei llaw. Ond nid oes cymaint o bobl yn gwybod am fywyd a gwaith y Gymraes o ardal y Bala. Fel y nyrs groenddu Mary Seacole, llwyddodd Betsi i helpu nifer fawr o bobl yn Rhyfel y Crimea.

Ganed Elizabeth Davies, neu Betsi, ym mhentre Llanycil, ger y Bala, yn 1789 ac roedd yn ferch i bregethwr Methodist o'r enw Dafydd Cadwaladr. Prin ei bod hi wedi cael gormod o sylw'n tyfu i fyny oherwydd roedd ganddo 16 plentyn ac roedd eu mam wedi marw pan oedd Betsi'n bum mlwydd oed. Bu'n rhaid i Betsi weithio'n galed i edrych ar ôl y plant eraill. Hawdd credu bod bywyd ar y fferm, gyda chymaint o blant i'w bwydo, yn anodd iawn. Ond pan roddwyd copi o'r Beibl i Betsi pan oedd hi'n ferch ifanc iawn, teimlai fod ganddi ryw siâp i'w dyfodol.

Er bod cael gwaith fel morwyn mewn plasty lleol, Plas-yn-dre, wedi rhoi cyfleoedd da iddi – dysgu Saesneg, sut i wneud gwaith tŷ a chanu'r delyn – doedd Betsi ddim yn hapus yno. Felly, un noson, fe wnaeth hi ddianc drwy ffenest lan lofft gan ddefnyddio blancedi fel rhaff, yn debyg i garcharor yn llwyddo i ddianc o'i gell.

Roedd hi'n awyddus iawn i weld y byd mawr crwn. Pan oedd hi'n 14 oed aeth i

Lerpwl i weini, ac yna, yn 1820, pan oedd Betsi yn ei thridegau, cafodd gyfle i weld y byd fel morwyn a chynorthwywraig i gapten llong. Bu'n teithio yn Ewrop adeg brwydr fawr Waterloo rhwng Wellington a Napoleon, a theithiodd yn helaeth y tu hwnt i Ewrop hefyd – yn Ne America, Affrica ac Awstralia. Yn ystod y teithiau ar y môr byddai'n adrodd darnau o ddramâu Shakespeare i'r criw ac i'r teithwyr. Er nad oedd hi wedi ei hyfforddi fel nyrs byddai'n gofalu am gleifion ar fwrdd y llong, a dod â babanod i'r byd.

Wedi teithio'n bell a gweld cymaint o'r byd daeth Betsi'n ôl i'r Bala yn 1844, cyn symud i Lundain a chael ei hyfforddi i fod yn nyrs yn Ysbyty Guy's a hithau wedi cyrraedd oedran pan fyddai nifer o bobl yn meddwl am ymddeol. Ar ôl darllen am ddioddefaint milwyr Prydain yn Rhyfel y Crimea, llawer ohonyn nhw'n marw o deiffoid ac o anafiadau difrifol, penderfynodd Betsi ymuno â'r gwasanaeth nyrsio milwrol. Rywbryd yn ystod ei gyrfa newydd newidiodd ei henw o Cadwaladr i Davies oherwydd ei fod yn haws i bobl ei ddweud.

Erbyn hyn roedd hi'n 64 mlwydd oed. Ei bwriad oedd teithio i'r Crimea, er bod ei chwaer Bridget wedi gwneud ei gorau i'w pherswadio hi i beidio â mynd.

Ymerodraeth Rwsia oedd yn ymladd yn Rhyfel y Crimea yn erbyn Ymerodraeth yr Ottoman, Ffrainc, Prydain a Sardinia, yn bennaf dros hawliau crefyddol. Dechreuodd y rhyfel yn 1853 ac oherwydd adroddiadau pobl fel William Russell i bapur *The Times*, daeth yn amlwg yn gynnar iawn nad oedd Prydain wedi paratoi ar gyfer brwydro mor bell o gartref. Un o'r pethau gwaethaf oedd y diffyg gofal ar gyfer milwyr oedd wedi eu hanafu a'u clwyfo'n ddifrifol. Yn aml, bydden nhw'n gorwedd mewn llefydd mochaidd.

Clywodd Betsi Cadwaladr fod Florence Nightingale yn sefydlu uned o nyrsys arbennig i ofalu am y milwyr yma a cheisiodd ymuno â nhw. Ond roedd Florence wedi gadael am Scutari yn Istanbwl, Twrci, ac felly roedd yn rhaid i Betsi ymuno â chriw arall, a mynd allan ar ôl hynny. Bu'n rhaid iddi aros am wythnosau ac wythnosau cyn mynd i faes y gad lle roedd y brwydro'n digwydd, ac roedd hi'n gweld hynny fel gwastraff amser.

Y tro cyntaf iddi gwrdd â Florence Nightingale, doedd hi ddim yn ei hoffi o gwbl. Roedd Betsi yn dod o'r dosbarth gweithiol, o gefndir syml, tra bod Florence Nightingale yn dod o deulu oedd ag arian. Doedd Betsi ddim yn hoffi'r enw Nightingale hyd yn oed. Fel y dywedodd hi: 'Nid oeddwn yn hoff o'r enw. Pan dwi'n clywed enw rhywun am y tro cyntaf, gallaf ddweud o'r ffordd dwi'n teimlo amdano a ydw i'n mynd i hoffi'r person ei hun.' Roedd tensiwn rhwng y ddwy o'r dechrau, ac yn y pen draw doedd Florence Nightingale ddim am wneud dim byd gyda hi.

Er iddi weithio gyda Florence am gyfnod, doedd Betsi ddim yn rhy hoff o'r holl reolau. Credai Florence mewn trefn a rheolau tra byddai Betsi yn eu hosgoi os oedd angen gwneud pethau er lles y milwyr ar fyrder. Symudodd Betsi i reng flaen brwydr Balaclafa, ac yno enillodd enw iddi'i hun am anwybyddu awdurdod er mwyn gwneud yn siŵr bod y milwyr yn derbyn gofal da.

Ond tra bod Florence Nightingale yn cydnabod gwaith da'r Gymraes, yn enwedig wrth iddi ddelio ag amodau gwaith anodd a brwnt, tyfodd y tensiwn rhwng y ddwy. Bu'n rhaid i Betsi symud i ysbyty arall er mwyn osgoi Florence a hefyd i gael gweithio yn y ffordd roedd hi'n dymuno gweithio. Brwydrodd yn galed i sicrhau bod digon o adnoddau ar gael, gan weithio'n ddiflino fel nyrs a gofalu am y gegin. Byddai'n coginio, glanhau a nyrsio am ugain awr y dydd ac ar ddiwedd diwrnod hir iawn o waith byddai'n gorfod cysgu ar y llawr gyda hyd at saith nyrs arall. Y glanhau oedd y peth mwyaf pwysig iddi, gan ei bod hi'n gwybod bod cadw pethau'n lân yn bwysig iawn ym myd nyrsio, ac yn enwedig dan amodau rhyfel. Byddai gweithio oriau hir fel hyn yn anodd i rywun ifanc, heb sôn am fenyw oedd dros ei chwe deg oed.

Er nad oedd y ddwy nyrs yn dod ymlaen gyda'i gilydd, aeth Florence Nightingale i ymweld â Betsi ar un adeg a sylweddoli gwerth ei gwaith caled, gan ofyn iddi barhau â'r gwaith hwnnw. Gwrthododd Betsi.

Ond yna, aeth afiechyd yn drech na hi. Aeth ei hiechyd yn waeth ac roedd hi'n dioddef o golera a dysentri phan aeth yn ôl i Lundain yn 1855, flwyddyn cyn i Ryfel y Crimea ddod i ben. Bu farw Betsi yn 1860, bum mlynedd ar ôl iddi ddychwelyd o faes y gad, a chafodd ei chladdu yn ardal y tlodion ym mynwent Abney Park, gogledd Llundain, yn bell iawn, iawn o'r Bala.

Roedd hi wedi gweld y byd ac wedi helpu i drawsnewid byd nyrsio am byth.

DIC PENDERYN

Y merthyr o Ferthyr

YN YR HEN DDYDDIAU roedd angen bod yn ddewr er mwyn mynd i'r gwaith. Roedd gweithio dan ddaear neu yn y ffowndri yn beryglus iawn. Roedd pawb yn gorfod ymladd tlodi bob dydd, oherwydd roedd tlodi yn medru lladd.

Dylai pawb wybod am Dic Penderyn – pawb yn ardal Merthyr Tudful o leiaf. Dyma ddyn oedd mor ddewr fel ei fod e'n fodlon aberthu ei fywyd. Mae'n rhaid bod yn berson arbennig i wneud hynny.

Ganwyd Richard Lewis, neu Dic Penderyn, yn y flwyddyn 1808 yn Aberafan, a symudodd i ardal Merthyr yn 1819 ar ôl i'w dad gael gwaith yn un o'r pyllau glo. Chafodd Dic fawr ddim addysg, dim ond gwersi ysgol Sul. Ond roedd e'n medru darllen ac, yn bwysicach na hynny, roedd e'n gwybod y gwahaniaeth rhwng da a drwg. Allech chi ddim dweud yr un peth am y bobl oedd yn berchen y gweithfeydd glo, ac roedd y rheini wedi bod i goleg ac i brifysgol! Bydden nhw'n gwneud yn siŵr eu bod yn gwneud llawer o arian heb boeni dim am iechyd na diogelwch eu gweithwyr. Ond wrth i'r galw am haearn a glo leihau, collodd nifer o weithwyr eu swyddi, tyfodd y tlodi ac roedd pobl yn gorfod mynd heb fwyd.

Roedd yn cael ei alw'n Dic Penderyn ar ôl pentre bach Penderyn, lle roedd e'n lletya. Roedd pawb â llysenwau bryd hynny oherwydd fod cymaint o bobl â'r un enw – Dai Bando, Dai Slej, Dai Llygad Dde.

Roedd bywyd yn galed ar y naw, oherwydd nid yn unig roedd gweithio yn y pyllau a'r gweithfeydd glo yn fochaidd ac yn beryglus ond roedd cyflogau wedi mynd yn llai ac yn llai, a nifer wedi colli eu gwaith. Un o'r pethau gwaethaf oedd y ffaith bod nifer o'r gweithwyr yn cael eu talu nid ag arian ond gyda nwyddau o siop y gwaith – a'r rheini'n aml yn nwyddau am bris uwch nag arfer. Felly roedd bwyd ac arian yn brin. Roedd pawb mewn dyled – gwaeth o lawer na nawr, pan mae pobl yn gallu byw ar gerdyn credyd. Roedd pob tad a mam oedd yn methu bwydo'u plant yn teimlo'n ddiobaith iawn.

Erbyn haf 1831, roedd pethau wedi poethi cymaint nes bod bron pob tre yn ne Cymru yn llawn dop o bobl ddig oedd am wneud yn siŵr bod pethau'n newid. Un o'r llefydd mwyaf ymfflamychol oedd Merthyr Tudful, un o ganolfannau diwydiant trwm de Cymru. Ac roedd calonnau pobl y dre yn drwm hefyd, dan faich diweithdra a thlodi.

Does dim rhyfedd fod pobl wedi troi at derfysg, cynnal protestiadau ar y stryd, ac ymosod ar adeilad yn y dre lle roedd manylion am ddyledion pawb yn cael eu cadw. Doedd neb yn siŵr ai penderfyniad sydyn oedd hyn, neu a oedd pobl wedi cynllunio i ymosod, fel roedd yr awdurdodau'n credu.

Aeth pethau'n wyllt, yr hwch yn mynd drwy'r siop go iawn. Mor wyllt, yn wir, nes bod milwyr wedi cael eu hanfon i'r dre, bois o'r Highland Regiment oedd yn aros yn Aberhonddu, yr ochr arall i Fannau Brycheiniog.

Ar ôl iddyn nhw gyrraedd y dre, aeth pethau'n flêr yn gyflym iawn. Saethodd y milwyr tuag at y dorf y tu allan i westy'r Castell – torf heb arf na gwn – ac fe laddwyd 16 o bobl mewn gwaed oer.

Ni laddwyd yr un milwr ond roedd un ohonyn nhw, Donald Black, wedi cael ei drywanu yn ei goes, gyda *bayonet* ar flaen dryll. Roedd rhywun yn y dorf wedi ei dynnu o ddwylo milwr. Allai'r milwr ddim adnabod y person oedd wedi ymosod arno ond cafodd

Dic Penderyn ei arestio a'i gyhuddo o drywanu Black. Felly hefyd ei gefnder Lewis Lewis, neu Lewsyn yr Haliwr, oedd wedi achosi trwbl o'r blaen ac efallai wedi bod ynghlwm â threfnu'r reiat. Ond doedd Dic wedi gwneud dim byd mwy na gwylio'r digwyddiad. Ei unig drosedd oedd bod yno. Roedd yn 23 mlwydd oed, ac ni fyddai'n cyrraedd ei ben-blwydd nesaf.

Gallech fod wedi proffwydo canlyniad yr achos llys cyn iddo ddechrau.

'Euog,' dywedodd y barnwr.

Y gosb eithaf oedd y dyfarniad, sef crogi Dic a Lewsyn. Ond yn ystod yr achos daeth pobl i ddeall bod Lewsyn wedi achub bywyd cwnstabl drwy ei gadw'n saff rhag y terfysgwyr. Felly, penderfynwyd y byddai'n cael ei anfon i ben pella'r byd, i Awstralia, yn lle wynebu'r gosb eithaf.

Roedd pawb yn gwybod bod Dic yn ddieuog, a doedd dim rhyfedd bod dros 11,000 o bobl wedi llofnodi deiseb i'r Ysgrifennydd Gwladol, yr Arglwydd Melbourne, yn gofyn am bardwn iddo, gan gynnwys rhai o'r meistri haearn eu hunain. Ond roedd Melbourne yn benderfynol o weld rhywun yn cael ei gosbi, a Dic Penderyn oedd y dyn anffodus hwnnw. Byddai crogi'r dyn ifanc yn rhybudd i bobl eraill.

Crogwyd Dic y tu allan i garchar Caerdydd,

lle mae mynedfa'r farchnad heddiw. Roedd torf fawr yno i'w weld e'n marw, a throi'n ferthyr, a'i eiriau olaf oedd: 'Arglwydd, dyma gamwedd' – y math o beth y byddech chi'n disgwyl i ddyn dieuog ei ddweud. Byddai mwyafrif y bobl a safai yno'r diwrnod hwnnw yn deall pob gair oherwydd roedd canran uchel o bobl Caerdydd yn siarad Cymraeg bryd hynny. Os oeddech chi eisiau cael swydd fel Clerc y Farchnad ganol y ddeunawfed ganrif roedd angen i chi siarad Cymraeg oherwydd fod yno gymaint o Gymry Cymraeg. Ond newidiodd y dre, ac aeth yn fwy Seisnig ar ôl hynny.

Mae'n bosib bod gwraig Dic yn feichiog ar y pryd a bod y drasiedi wedi achosi iddi golli'r babi bach. Ar ddydd angladd Dic daeth miloedd i ffarwelio â'r gŵr ifanc wrth i'w arch deithio o Gaerdydd i Aberafan. Ond ni ddiflannodd Dic. Nid anghofiwyd ei enw.

Mae ei enw'n fyw heddiw, ar wefusau nifer o bobl Merthyr, de Cymru a Chymru gyfan, dyn oedd yn enwog am y ffordd y gwnaeth y sefydliad ei lofruddio. Dyma ddyn dieuog, boi ifanc a allai fod wedi gwneud rhywbeth gwerth chweil â'i fywyd.

*

Flynyddoedd yn ddiweddarach, ar ei wely angau yn America, cyffesodd dyn o'r enw Parker taw fe oedd wedi trywanu'r milwr Donald Black. Ac fe wnaeth dyn arall, James Abbott, gadarnhau ei fod wedi dweud celwydd yn y llys ym Merthyr ar y pryd. Felly doedd dim staen o gwbl ar enw Dic.

Yr enwog Dic Penderyn.

Merthyr ym Merthyr.

Oedd yn oer yn ei fedd.

Dyn y Gair

Nɪᴅ ʏᴡ ᴘᴇɴᴛʀᴇ ʙᴀᴄʜ Llanddowror yn Sir Gaerfyrddin yn edrych yn wahanol iawn i nifer o bentrefi bychain eraill gorllewin Cymru. Cyn eu bod nhw'n adeiladu'r ffordd osgoi byddai pobl yn gyrru drwy'r lle ar eu ffordd rhwng Caerfyrddin a Phenfro, a chael cipolwg ar bentre tawel, twt gyda hen eglwys San Teilo yn sefyll yn y canol. Fydden nhw byth yn dychmygu bod rhywbeth wedi digwydd yma wnaeth newid byd addysg, nid yn unig yng Nghymru ond a gafodd ddylanwad ar y byd i gyd. Yma y crëwyd system newydd o ysgolion teithiol gan Griffith Jones, system a roddodd addysg i ddim llai na 200,000 o bobl erbyn ei farw yn 1761.

Cafodd Griffith Jones ei fagu mewn gwlad lle nad oedd addysg ar gael i drwch y bobl gyffredin. Fyddai'r rhan fwyaf o'r werin bobl ddim yn medru darllen nac ysgrifennu. Yn wir, Griffith Jones, yn anad neb, sy'n gyfrifol am y parch tuag at addysg sy'n parhau hyd heddiw yng Nghymru.

Ganwyd Griffith Jones yn 1683 ym Mhantyrefel ym mhentre Felindre, Sir Gaerfyrddin. Doedd e ddim yn blentyn iach iawn, gan ddioddef o'r fogfa (asthma), a chafodd afiechyd a'i gwnaeth yn ddall am gyfnod byr. Ond, diolch byth, fe wnaeth ei lygaid wella yn y pen draw.

Yn ei arddegau dysgodd sut i drin a gweithio coed a threuliodd hefyd ddyddiau unig, tawel, yn gweithio fel bugail. Mae'n bosib ei fod wedi cael profiad ysbrydol ar y bryniau, gan weld Duw efallai, wrth weithio ar ei ben ei hun.

Cafodd Griffith ei addysg ffurfiol yn ysgol fach y pentre, yna aeth ymlaen i Ysgol Ramadeg Caerfyrddin. Yn 1708 cafodd ei dderbyn yn offeiriad yn Eglwys Loegr. Ar ôl gweithio mewn llefydd gwahanol yn Sir Aberteifi a Sir Benfro, aeth yn ysgolfeistr dan nawdd cymdeithas oedd yn hyrwyddo Cristnogaeth.

Ar un adeg roedd y dyn ifanc wedi ystyried symud i India i weithio fel cenhadwr yno, ond penderfynodd aros yng Nghymru. Yn ddiddorol, mae 'na le yn India sydd wedi ei enwi ar ôl pentre Llanddowror, sef Landour. Saif Landour ym mynyddoedd uchel yr Himalaya a sefydlwyd cartref nyrsio i filwyr o Brydain yno yn ystod cyfnod yr Ymerodraeth Brydeinig.

Yn 1716 cafodd swydd fel rheithor yn yr

eglwys yn Llanddowror, gan gadw'r swydd honno am weddill ei fywyd. Gwyddai Griffith Jones fod dweud wrth bobl am Iesu Grist yn anodd iawn os nad oedden nhw'n medru darllen y Beibl. Poenai'n fawr nad oedd pobl yn ei blwyf yn medru deall y neges Gristnogol am y rheswm syml nad oedden nhw'n medru darllen un gair, heb sôn am frawddeg. Teimlai'n gryf fod angen achub pob enaid, ac un ffordd o wneud hynny oedd drwy wneud yn siŵr fod pawb yn medru darllen nid yn unig y Beibl ond hefyd brif lyfrau eraill yr Eglwys.

Felly, dechreuodd Griffith Jones gyfres o ysgolion teithiol. Byddai'r rhain yn symud o gwmpas plwyfi cefn gwlad Cymru, fel arfer yn y gaeaf pan fyddai pobl yn gweithio llai allan yn y caeau. Byddai ysgol yn aros mewn un lle am tua thri mis cyn symud ymlaen i leoliad arall. Byddai dwsinau o bobl yn heidio i'r ysgolion yma, lle bydden nhw'n darllen y Beibl oherwydd ei neges ond yn ei ddarllen hefyd, yn syml, fel llyfr darllen. Ac yn dechrau, yn fwy na thebyg, gyda geiriau cyntaf llyfr cyntaf y Beibl, sef Llyfr Genesis:

'Yn y dechreuad yr oedd y Gair...'

Byddai athrawon yn symud o blwyf i blwyf gan ddefnyddio adeiladau'r eglwys fel ysgoldy yn aml iawn, neu adeiladau eraill megis ysgubor os nad oedd ganddyn nhw'r hawl i ddefnyddio tir yr eglwys. Pan fyddai'r athrawon yn fodlon bod y disgyblion yn medru darllen y Beibl ar eu pen eu hunain roedd hi'n bryd iddyn nhw symud ymlaen i'r pentre nesaf.

'Yn y dechreuad yr oedd y Gair, a'r Gair oedd gyda Duw...'

Roedd disgyblion o bob oed – o chwech oed hyd at saith deg oed – yn mynd i'r dosbarthiadau ac roedd modd hefyd i bobl ddall fanteisio ar yr addysg. Byddai arweinwyr yr Eglwys yn ymweld â Griffith Jones a'i ysgolion yn gyson, i ddysgu am y gwaith da oedd yn newid bywydau pobl er gwell, wrth iddyn nhw ddechrau dysgu, air wrth air, frawddeg wrth frawddeg...

'Yn y dechreuad yr oedd y Gair, a'r Gair oedd gyda Duw, a Duw oedd y Gair.'

Yn 1737, chwe blynedd ar ôl creu'r ysgol gyntaf, roedd 37 ysgol o'r fath, gyda dim llai na 2,500 o ddisgyblion yn dysgu darllen. Erbyn 1761 roedd adroddiad blynyddol y mudiad Welsh Piety yn nodi bod 3,495 o ysgolion wedi eu sefydlu, gyda thros 158,000 o ddisgyblion wedi dysgu darllen dros gyfnod o chwarter canrif.

Yn aml, byddai Griffith Jones mewn trwbl am fethu â chadw at reolau'r Eglwys, ac yn enwedig am bregethu yng nghanol yr wythnos yn hytrach nag ar y Sul. Ond er cael stŵr gan yr Esgob byddai'n bwrw ymlaen â'i waith, oherwydd ei fod yn credu mor gryf yn ei genhadaeth.

Un rhan o gyfrinach llwyddiant yr ysgolion oedd derbyn bod yn rhaid i bobl weithio, a bod yn rhaid i'r gwersi ganiatáu hyn. Ac wrth gwrs, byddai pobl yn gweithio'n galed iawn yng nghefn gwlad, ym mhob tymor, o wres yr haf i oerfel y gaeaf. Os oedd yn rhaid i bobl weithio yn ystod y dydd – yn ystod y cynhaeaf er enghraifft – byddai dosbarthiadau nos yn cael eu trefnu ar eu cyfer, ac roedd Griffith Jones ei hun yn rhoi hyfforddiant i'r athrawon a fyddai'n mynd o le i le. Yn gefn iddo, ac yn cefnogi popeth roedd Griffith yn ei wneud, roedd menyw gyfoethog o'r enw Madam Bridget Bevan, oedd yn berchen ar dipyn o dir. Hi wnaeth sicrhau bod gwaith da Griffith Jones yn parhau ar ôl iddo farw yn 1761.

Daeth pobl o bob rhan o Brydain i astudio ac i geisio deall system addysg Griffith Jones. Yn 1764 comisiynodd Catrin II o Rwsia adroddiad am yr ysgolion teithiol, gyda'r bwriad o sefydlu system debyg yn ei gwlad ei hun.

Cofiwch, nid pawb oedd yn hapus ynglŷn â'r ysgolion teithiol. Teimlai rhai o fewn yr

Eglwys fod dysgu pobl gyffredin i ddarllen yn bygwth eu statws nhw, gan weld darllen fel rhyw fath o gyfrinach i'w chadw rhag y tlodion. Ond roedd Griffith Jones yn gymeriad cryf; roedd yn medru pregethu'n rymus hefyd a denu miloedd i'w glywed, mewn eglwys ac yn yr awyr agored. Drwy hyn, roedd ei ddylanwad yn gryf ar bobl ei wlad.

Gan fod cymaint o bobl wedi darganfod crefydd oherwydd yr ysgolion, roedd Griffith Jones wedi helpu pregethwyr enwog fel John Wesley a fyddai'n teithio o le i le yn pregethu yn ddiweddarach.

Ond yn bwysicach na hyn roedd Griffith Jones wedi creu pobl oedd â pharch at addysg, nid yn unig fel ffordd o wella'u hunain ond hefyd fel rhywbeth pwysig o fewn cymdeithas. Ond pwy a ŵyr beth fyddai Griffith Jones yn ei feddwl o wybod bod mwy a mwy o bobl, a phlant yn enwedig, yn ei chael hi'n anodd darllen yng Nghymru heddiw?

Ond nid chi, wrth gwrs, gan eich bod chi newydd ddarllen y frawddeg hon!

Codi cleddyf

MAE HANES CYMRU YN frith o enwau dynion sydd yn arwyr, o Lywelyn ein Llyw Olaf i Owain Glyndŵr, ond prin yw'r menywod sydd wedi cael yr un sylw, na'r un parch. Pam? Wel, dynion, yn draddodiadol, sydd wedi ysgrifennu hanes ac roedd 'na gyfnod hir iawn pan nad oedd menywod yn cael eu cydnabod, heb sôn am dderbyn clod. Diolch byth, mae hynny wedi newid. Ond mae un fenyw sy'n enwog am ei dewrder, sef Gwenllian, a wnaeth ymladd yn erbyn y Normaniaid. Ond er na lwyddodd hi yn y frwydr, mae hanes y digwyddiad, a'i dewrder personol hi, yn dal yn fyw hyd y dydd heddiw.

Yn y cyfnod hwn, y ddeuddegfed ganrif, roedd y Normaniaid yn ymestyn eu grym yn ne Cymru. Chwe chan mlynedd ar ôl i'r Rhufeiniaid adael, a thri chan mlynedd wedi i'r Llychlynwyr, neu'r Vikings, lanio o wledydd fel Norwy a Sweden, daeth y Normaniaid. Ers cyrraedd Prydain yn 1066 roedden nhw wedi

27

mynd ati i hawlio Lloegr yn gyntaf, ac yna Cymru. Yn wir, fe roddon nhw enwau newydd i'r wlad ac i'r bobl oedd yn byw yno, Cymru a'r Cymry, sef 'Wales' a 'Welsh'.

Roedden nhw wedi cyrraedd Cymru'n fuan ar ôl i'r Brenin Wiliam ennill y frwydr yn erbyn y Brenin Harold. Teithiodd Wiliam Goncwerwr drwy dde Cymru ac ymweld â Thyddewi yn 1081, ac erbyn hynny roedd wedi cyflwyno trefn newydd i ororau Cymru, i lefydd fel Amwythig a Chaer.

Ond er bod y Normaniaid wedi llwyddo i ddofi rhannau helaeth o Loegr, doedd yr un peth ddim yn wir am Gymru. Roedd y tirlun yn fynyddig, gyda digonedd o le i guddio, a doedd tir fel hynny ddim yn addas ar gyfer ymladd ar gefn ceffyl, fel roedd y Normaniaid yn hoffi ei wneud. Tra bod y Normaniaid yn adeiladu eu cestyll o garreg, roedd y Cymry yn gweld y mynyddoedd fel eu cestyll nhw. Bu'n rhaid i'r Normaniaid adeiladu cadwyni o gestyll, yn y gogledd a'r de. I roi syniad o ba mor gyflym y digwyddodd pethau, roedd y Normaniaid yn dechrau adeiladu castell Casgwent, ar lannau afon Gwy, yn 1067, flwyddyn yn unig ar ôl Brwydr Hastings. Bu'n rhaid i'r Cymry ddysgu sut i ymladd yn erbyn pobl oedd yn byw mewn cestyll, y tu ôl i ddrysau mawr pren a waliau uchel, ac roedd Gwenllian yn eu plith.

Roedd Gwenllian yn ferch i Gruffudd ap Cynan, a fu'n frenin Gwynedd am 30 mlynedd – amser hir iawn i reoli yn y ddeuddegfed ganrif oherwydd roedd yn gyfnod gwyllt. Roedd hi'n wraig i Gruffydd ap Rhys o Ddeheubarth, un o hen, hen ardaloedd Cymru gynt. Hi hefyd oedd mam Rhys ap Gruffudd, a ddaeth yn enwog fel yr Arglwydd Rhys.

Dechreuodd bywyd priodasol Gwenllian yn ardal Dinefwr, yng nghartref teuluol Gruffydd yn rhan uchaf Dyffryn Tywi. Roedd tiroedd Gruffydd dan fygythiad cyson gan y Normaniaid. Felly, aeth Gruffydd a Gwenllian i guddio yng nghoedwigoedd trwchus a mynyddoedd eu teyrnas, ac yno magodd Gwenllian bedwar o feibion. Cododd Gruffydd fyddin, a bu'n arwain cyrchoedd ac yn cynllunio i oresgyn y Normaniaid.

Roedd brenin Lloegr wedi marw yn 1135 ac roedd ei nai a'i ferch yn brwydro am y Goron. Tra oedd meddwl arglwyddi'r Normaniaid ar bethau eraill, gallai'r Cymry ddechrau ar eu gwrthryfel. Dyma oedd cyfle Gruffydd ap Rhys.

Roedd Gruffydd yn ddyn dewr, yn brwydro'n gyson ac yn effeithiol yn erbyn y Normaniaid.

Yn wir, bu'r Cymry a'r Normaniaid yn brwydro am amser hir, a Gruffydd ap Rhys, oherwydd ei ddewrder a'i sgiliau ymladd, yn llwyddiannus iawn. Roedd ambell elyn mawr iddo – fel Maurice de Londres, oedd yn byw yng nghastell Cydweli – wedi addo y byddai'n codi byddin fawr, a lladd Gruffydd ap Rhys. Ar ôl iddo glywed am y cynllun hwn dyma Gruffydd yn penderfynu teithio i'r gogledd i ofyn am help ei dad yng nghyfraith, gan adael rhai o'i ddynion ar ôl i warchod ei deulu a'i dir. Gadawodd y de gan gymryd ei fab Rhys gydag ef.

Ar 1 Mawrth 1136 roedd mintai o ddynion oedd yn cadw golwg ar bethau uwchben pentre Mynyddygarreg wedi clywed bod byddin fawr wedi glanio ar lan y môr ym Morgannwg. Felly, roedden nhw ryw ddau ddiwrnod o deithio i ffwrdd. Penderfynodd Gwenllian wneud dau beth. Y cyntaf oedd anfon y rhan fwyaf o'r milwyr oedd ganddi i rwystro'r Normaniaid rhag croesi afon Llwchwr rhwng Abertawe a Llanelli. Yr ail oedd ceisio gwneud yn siŵr na allai Maurice de Londres adael ei gastell ei hun yng Nghydweli.

Ond cafodd Gwenllian ei bradychu. Llwyddodd y fyddin Normanaidd i osgoi milwyr Gwenllian yn hawdd a chyn hir roedden nhw wedi symud y tu ôl i filwyr Cymru. Fel mae'n digwydd, Cymro, Gruffydd ap Llewelyn, oedd yn arwain byddin y Normaniaid. Llwyddodd nid yn unig i osgoi milwyr Gwenllian ond i arwain ei ddynion i ben Mynydd y Garreg. Ar arwydd arbennig dyma nhw'n rhuthro tuag at y gelyn.

Ar yr un pryd, rasiodd milwyr Maurice ar gefn ceffylau allan drwy ddrysau mawr trwm y castell, ac felly aeth y Normaniaid, oedd yn filwyr arbennig iawn, o flaen a thu ôl i'r nifer bach o filwyr oedd gan Gwenllian, sef yr hyn oedd yn weddill o fyddin ei gŵr. Gyda milwyr yn arllwys i lawr ochr y mynydd, a'r ceffylau'n carlamu o gyfeiriad y castell, doedd fawr o obaith gan y milwyr Cymreig i'w gwrthsefyll.

Roedd y frwydr yn ffyrnig, cleddyf yn taro cleddyf, gweiddi mawr a dynion yn gwaedu'n goch. Lladdwyd nifer yn y fan a'r lle. Ac yn arwain y Cymry roedd Gwenllian, menyw ddewr gyda chalon enfawr. Yn hyn o beth roedd hi'n debyg i rywun fel Buddug, neu Boadicea, a wnaeth ymladd yn erbyn y Rhufeiniaid dros fil o flynyddoedd ynghynt.

Yn y diwedd, llwyddodd y Normaniaid i ddal Gwenllian. Cafodd ei mab, Morgan, ei ladd a mab arall iddi, Maelgwn, ei gymryd yn garcharor.

Er bod Gwenllian yn fenyw ac yn fam, doedd y Normaniaid ddim yn mynd i deimlo unrhyw drueni drosti ac fe roddodd Maurice de Londres orchymyn i'w lladd, heb oedi dim. Cafodd Gwenllian ei lladd mewn gwaed oer mewn cae yng nghysgod y castell, a hynny am frad. Torrwyd ei phen i ffwrdd a daeth bywyd arwres i ben. Yn ôl y sôn, cododd ffynnon yn y fan lle bu farw'r Dywysoges Gwenllian – sy'n cael ei alw erbyn hyn yn Faes Gwenllian.

Am beth amser roedd rhai pobl yn meddwl taw gwaith Gwenllian oedd Pedair Cainc y Mabinogi, sef ein straeon gorau yn yr iaith Gymraeg. Ond nid oes neb wedi profi hyn, ac mae'n annhebyg iawn. Ond does dim dwywaith fod Gwenllian yn dywysoges ddewr, oedd yn fodlon colli ei bywyd wrth frwydro yn erbyn y gelyn arfog.

Os ewch chi i bentre Cydweli heddiw mae 'na sawl lle wedi ei enwi ar ôl Gwenllian. Mae 'na ganolfan hamdden, hyd yn oed, wedi ei henwi ar ei hôl ac, wrth gwrs, mae nifer fawr o ferched ledled Cymru yn dwyn yr un enw â hi. Mae eu henwau'n coffáu menyw ddewr, sy'n rheswm clir i ni deimlo balchder yn ein gwlad a'n hiaith.

HEDD WYN

Y bugail ynghanol bwledi

MAE ENW UN O arwyr enwocaf cefn gwlad wedi bod yn amlwg iawn yn ddiweddar wrth i ni nodi canmlwyddiant marwolaeth Hedd Wyn, y bugail mynydd a gafodd ei ladd ar gaeau gwaed y Rhyfel Byd Cyntaf.

Cafodd Ellis Humphrey Evans ei eni ar 13 Ionawr 1887 yn Nhrawsfynydd, yn un o 11 o blant. Y flwyddyn honno symudodd ei dad a'i fam, Evan a Mary, i fferm fynydd ychydig filltiroedd o'r pentre, sef yr Ysgwrn yng Nghwm Prysor.

Cafodd Ellis addysg yn yr ysgol gynradd leol ac yn yr ysgol Sul, a dechrau gweithio i'w dad fel bugail pan oedd e'n 14 mlwydd oed. Roedd ganddo ddawn amlwg i ysgrifennu barddoniaeth ac roedd yn cystadlu'n gyson mewn eisteddfodau lleol. Er mwyn darllen llyfrau byddai'n ymweld â llyfrgell Blaenau Ffestiniog mor aml â phosib, ac yno byddai'n cwrdd â nifer o feirdd. Roedd y llyfrgellydd yno, John Lloyd Jones, yn gefnogol iawn i'r dyn ifanc.

Bardd ei bobl oedd Hedd Wyn, a bardd ei fro, ac roedd yn mwynhau cwmni'r bobl hynny. Byddai'n darllen ac yn mwynhau cerddi gan feirdd Saesneg fel Shelley, ac roedd themâu fel crefydd a natur yn amlwg iawn yng ngwaith y ddau.

Disgleiriodd ei dalent yn gynnar iawn. Llwyddodd Ellis i ysgrifennu ei gerdd gyntaf pan oedd yn 11 mlwydd oed. Erbyn iddo gyrraedd 20 mlwydd oed roedd yn fardd da, ac enillodd y Gadair yn Eisteddfod y Bala yn 1907. Yn 1910 cafodd yr enw barddol Hedd Wyn, sef ei enw fel bardd. Llwyddodd mewn sawl eisteddfod leol wedi hynny, gan gynnwys eisteddfodau Pwllheli, Llanuwchllyn a Phont-ardawe. Yn 1915 penderfynodd gystadlu yn yr Eisteddfod Genedlaethol, gyda cherdd am Eryri. Y flwyddyn wedyn daeth yn ail yn yr Eisteddfod Genedlaethol yn Aberystwyth, ac erbyn hynny roedd yn gwbl benderfynol ei fod yn mynd i ennill Cadair y Genedlaethol rywbryd. Dyna oedd ei fwriad a'i uchelgais yn un.

Pan ddechreuodd y Rhyfel Byd Cyntaf doedd Hedd Wyn ddim yn bwriadu mynd i ymladd, oherwydd roedd yn credu mewn heddwch.

Roedd yn sicr na allai ladd neb. Ond roedd posteri ym mhobman yn galw am recriwtio, gan ddangos milwyr yn cerdded i ryfel gyda sloganau fel 'Dowch Gyda Mi, Fechgyn'. Er bod angen i bobl weithio ar y ffermydd i gynhyrchu bwyd roedd yn rhaid i un o fechgyn fferm yr Ysgwrn fynd i ryfel, a phenderfynodd Ellis ymaelodi â'r fyddin yn lle ei frawd Robert.

Ar ddechrau 1917 ymunodd Hedd Wyn â 15fed Bataliwn y Ffiwsilwyr Cymreig, gan deithio i Ffrainc ym mis Mehefin, gyda'i wn ar ei ysgwydd. Aeth i Lerpwl i gael ei hyfforddi, gan symud yn ôl i'r fferm am saith wythnos i helpu i aredig y caeau. Tra oedd gartre ysgrifennodd gerdd hir, neu awdl, am 'Yr Arwr' wrth eistedd o flaen y tân i ymochel rhag y glaw mawr y tu allan. Oherwydd y glaw arhosodd Ellis gartre yn rhy hir a chafodd ei arestio a'i gymryd i gell ym Mlaenau Ffestiniog. O'r fan honno y teithiodd fel milwr i gyfandir Ewrop.

Ar ôl cyrraedd Ffrainc gorffennodd ysgrifennu ei waith ar gyfer yr Eisteddfod, gan ddefnyddio'r enw ffug 'Fleur de Lys' – enw priodol iawn gan mai dyma symbol y Ffiwsilwyr. Ar ddiwedd mis Gorffennaf, ynghanol glaw trwm a chawod o fwledi, cafodd Hedd Wyn ei ladd ym mrwydr Pilkem Ridge a oedd yn rhan o frwydr fawr Passchendaele yng Ngwlad Belg.

Ar yr un diwrnod cafodd bardd o Iwerddon, Francis Ledwidge, ei ladd hefyd. Roedd y ddau fardd ymhlith 700,000 o filwyr a fu farw yn y glaw mwyaf trwm a welsai'r ardal ers 30 mlynedd. Cymysgodd y mwd gyda'r gwaed wrth i filwyr ymladd am bedwar mis i ennill dim ond pum milltir o dir.

Roedd y rhyfel wedi ysbrydoli tipyn o waith newydd gan Hedd Wyn – cerddi fel 'Plant Trawsfynydd' a 'Rhyfel' – ond roedd un gerdd yn bwysicach na'r lleill i gyd. Ym mis Medi 1917 roedd yr Eisteddfod Genedlaethol wedi symud y tu allan i Gymru i Benbedw (Birkenhead) ger Lerpwl. Fel mae'n digwydd roedd y Prif Weinidog, y Cymro Cymraeg David Lloyd George, yno i glywed taw 'Fleur de Lys' oedd wedi ennill y Gadair. Fel sy'n digwydd bob tro yn seremoni'r cadeirio, gofynnodd yr Archdderwydd i'r enillydd sefyll ar ei draed. Er bod yr utgyrn wedi canu dair gwaith, ni safodd neb. Yna, rhannodd yr Archdderwydd y newyddion trist fod y bardd buddugol wedi ei ladd ar faes y gad chwe wythnos ynghynt. Cafodd y dorf sioc a siom dychrynllyd, wrth gwrs. Yn dilyn y geiriau torcalonnus hyn dyma nhw'n lapio'r gadair dan orchudd du. O hynny ymlaen roedd pawb yn cyfeirio at yr Eisteddfod y flwyddyn honno fel Eisteddfod y Gadair Ddu.

Anfonwyd y gadair i dŷ rhieni Hedd Wyn, i gadw cwmni i'r cadeiriau eraill roedd eu mab wedi eu hennill ym mhob cwr o Gymru. Wrth gyrraedd yr Ysgwrn roedd y gadair newydd fel petai'n taflu cysgod dros fywydau'r teulu a'r fro i gyd ac, yn wir, dros y genedl gyfan.

Claddwyd y bugail-filwr Ellis Evans ym mynwent ryfel enfawr Artillery Wood ger tre Boezinge. Wedi'r rhyfel newidiwyd y garreg fedd i gynnwys y geiriau 'Y Prifardd Hedd Wyn'. Ers hynny mae hanes y Gadair Ddu, ac aberth y bugail ifanc o Drawsfynydd, wedi dod i gynrychioli colled fawr y Rhyfel Byd Cyntaf. Bu farw miliynau o ddynion ifanc, cenhedlaeth gyfan a oedd yn llawn addewid a thalent, yn y mwd, y gwynt a'r gwaed.

Yn dilyn marwolaeth Hedd Wyn ysgrifennodd y bardd R. Williams Parry sawl englyn i gofio amdano. Ymhlith y rhain mae un sy'n aros yn y cof:

Tyner yw'r lleuad heno – tros fawnog
    Trawsfynydd yn dringo;
  Tithau'n drist a than dy ro
  Ger y ffos ddu'n gorffwyso.

Wedi ei farwolaeth cyhoeddwyd cyfrol o gerddi gan Hedd Wyn o'r enw *Cerddi'r Bugail* ac yn ddiweddarach gwelwyd ei stori ar y sgrin fawr, mewn ffilm gan Paul Turner, wedi ei sgriptio gan fardd arall, Alan Llwyd. Enwebwyd y ffilm am wobr Oscar yng nghategori'r Ffilm Dramor Orau yn 1994.

Mae Hedd Wyn yn enw sy'n dal yn fyw hyd heddiw ac mae ei deulu yn dal i groesawu llu o bererinion i'r Ysgwrn. Dyma fardd o fugail a gollodd ei fywyd yn gynnar ac mewn gwaed. Doedd dim llawer o hedd yn perthyn i'w ddyddiau olaf ar y ddaear hon: bugail wedi ei gladdu yn bell iawn o'i braidd.

IOLO MORGANWG

Creu'r dyfodol

MAE'N ANODD ESBONIO SUT mae ambell berson yn medru gwneud cymaint gyda'i amser, ac yn wir, gyda'i fywyd cyfan. Yn achos Iolo Morganwg mae'n anodd iawn esbonio sut y bu mor gynhyrchiol yn ystod ei fywyd, yn enwedig wrth ystyried sut roedd y bardd a'r sgolor wedi byw ar hyd ei oes mewn tlodi, a hynny am flynyddoedd mewn bwthyn bach ym Mro Morgannwg. Er gwaethaf hyn, roedd Iolo yn fardd cynhyrchiol iawn ac yn arbenigwr ar lu o bethau fel hanes crefydd, amaethyddiaeth, botaneg a hen, hen hanes Cymru.

Ar ben hynny i gyd llwyddodd Iolo Morganwg i greu Gorsedd y Beirdd. Felly, pan welwch chi aelodau'r Orsedd yn cerdded o gwmpas Maes yr Eisteddfod gallwch weld un o gyfraniadau mwyaf lliwgar Iolo i fywyd Cymru. Iolo hefyd wnaeth greu'r defodau sy'n gymaint rhan ohono. Llwyddodd i berswadio nifer o bobl fod y corff a'r defodau yn hen iawn, yn ymestyn yn ôl i gyfnod y derwyddon, er taw ef ei hun oedd wedi eu creu gyda'i ddychymyg byw.

Roedd Iolo hyd yn oed wedi creu rhywbeth o'r enw Coelbren y Beirdd, sef gwyddor, neu ddull arbennig o ysgrifennu roedd e'n honni bod y derwyddon yn ei ddefnyddio. Roedd creu pethau ffug yn dod yn naturiol iddo. Yn ogystal ag ysgrifennu barddoniaeth yn Gymraeg a Saesneg dan ei enw ei hun, ysgrifennodd fersiynau ffug o waith pobl eraill, megis y bardd enwog Dafydd ap Gwilym.

Cyhoeddodd Iolo gyfrol o'r enw *Barddoniaeth Dafydd ab Gwilym* yn 1789 a chafodd y llyfr groeso mawr. Roedd yn cynnwys nifer o gerddi roedd Iolo'n honni ei fod wedi eu darganfod. Ond, mewn gwirionedd, ef ei hun oedd wedi ysgrifennu'r rhain gan dwyllo nifer o bobl oedd yn caru barddoniaeth a hynny heb unrhyw drafferth.

Gwnaeth Iolo yr holl bethau yma heb addysg ffurfiol, dim ond drwy ei addysgu ei hunan, heb lyfrgell fawr yn ei fwthyn bach.

Enw iawn Iolo oedd Edward Williams ac fe'i ganwyd yn Llancarfan ym Mro Morgannwg yn 1747. Symudodd ei dad a'i fam i bentre Trefflemin gerllaw, a phan oedd yn ddyn ifanc dysgodd grefft saer maen gan ei dad. Dyna sut yr enillodd ei fara menyn drwy gydol ei oes, gan weithio yng Nghymru a thros y ffin yn Lloegr. Dysgodd ddarllen drwy edrych ar ei dad yn naddu llythrennau ar gerrig beddi fel rhan o'i waith bob dydd. Yn ffodus iawn, roedd rhai o'r beirdd lleol yn y Fro â diddordeb mewn geiriau a geiriaduron. Bu Iolo'n ddisgybl anffurfiol i rai o feirdd Blaenau Morgannwg megis Lewis Hopkin a Rhys Morgan. Yn ifanc iawn dechreuodd gymryd y cyffur opiwm yn gyson, ar ffurf lawdanwm, ac mae nifer yn amau fod hyn wedi dylanwadu ar ei gyflwr meddwl.

Crwydrodd dipyn pan oedd yn ddyn ifanc, gan deithio i ogledd Cymru gyda'i frodyr yn 1771–72. Yna, yn 1773, mentrodd Iolo i Lundain i fyw, lle cafodd gyfle i fynd i gyfarfodydd Cymdeithas y Gwyneddigion, sef Cymry deallus oedd yn byw yn y ddinas fawr. Yn Llundain parhaodd Iolo Morganwg i weithio fel saer maen cyn symud i Swydd Caint. Yna, ymlaen ag e i borthladd Bryste cyn dychwelyd i fyw yng Nghymru.

Priododd Iolo yn 1781 a dwy flynedd yn ddiweddarach symudodd i fyw i Landaf. Doedd bywyd ddim yn hawdd iddo yn y cyfnod hwn a chyn hir roedd yn gweithio'r tir ar gyrion Caerdydd. Ond erbyn 1787 roedd Iolo yng ngharchar yn y ddinas oherwydd bod ganddo ddyledion o dair punt. Ie, tair punt! Pan gafodd ei ryddhau symudodd yn ôl i Drefflemin. Yn 1791 aeth yn ôl i Lundain, tan 1795, gan weithio fel saer maen yn ystod y dydd ac astudio ac ysgrifennu barddoniaeth gyda'r hwyr. Yn ystod y cyfnod yma, trefnodd y cyfarfod cyntaf o Orsedd y Beirdd ar Fryn y Briallu (Primrose Hill).

Mae Bryn y Briallu yn sefyll fel yr Wyddfa uwchben tir isel Llundain, gyda golygfeydd da i bob cyfeiriad. Daeth pobl at ei gilydd ar ben y bryn ar Alban Hefin, sef diwrnod hiraf yr haf, 21 Mehefin, yn 1792. Defnyddiwyd cylch o gerrig gydag un garreg fwy o faint yn sefyll yn y canol, sef y Maen Llog. A daeth nifer o bobl yn aelodau o'r Orsedd yn y fan a'r lle, fel Gwallter Mechain, myfyriwr o Brifysgol Rhydychen, a Dr David Samwell, oedd ar fwrdd llong y *Discovery* gyda Chapten Cook. Doedd pobl ddim yn gwisgo'r gwisgoedd gwyn, glas a gwyrdd fel maen nhw'n ei wneud heddiw ond roedd Iolo wedi clymu rhubanau o'r tri lliw wrth freichiau'r rhai oedd wedi ymuno â'r Orsedd. Roedd gwyn yn cynrychioli purdeb, glas yn dynodi'r gwir a'r lliw gwyrdd yn cynrychioli celfyddyd.

Llwyddodd y syniad yma i blesio a denu sylw nifer o bobl, yn enwedig oherwydd bod y Cymry wedi bod heb gorff cenedlaethol oedd yn dathlu eu hiaith a'u diwylliant ers oes y Tywysogion. Felly, yn 1819, cysylltwyd yr Orsedd â'r Eisteddfod. Yng Ngwesty'r Ivy Bush yng Nghaerfyrddin daeth yr Orsedd at ei gilydd a cherdded ar hyd strydoedd y dre gan arwain, yn y pen draw, at y math o Eisteddfod Genedlaethol sydd gyda ni heddiw, gyda'i defodau lliwgar.

Bellach, mae pob math o bobl yn ymaelodi â'r Orsedd, neu'n cael gwahoddiad i ymuno, gan gynnwys awduron, cerddorion, artistiaid ac unigolion sydd wedi cyfrannu i fywyd Cymru neu i'r iaith Gymraeg. Mae geiriau'r weddi a ysgrifennodd Iolo Morganwg yn cael eu defnyddio heddiw yn y prif seremonïau megis y cadeirio a'r coroni yn yr Eisteddfod Genedlaethol:

Dyro Dduw dy nawdd,
Ac yn nawdd, nerth,
Ac yn nerth, deall,
Ac yn neall, gwybod,
Ac yng ngwybod, gwybod y cyfiawn,
Ac yng ngwybod y cyfiawn, ei garu,
Ac o garu, caru pob hanfod,
Ac ym mhob hanfod, caru Duw.
Duw a phob daioni.

Yn ystod ei fywyd brwydrodd Iolo – dyn a chanddo ysbryd rhydd iawn – yn erbyn caethwasanaeth oherwydd na fedrai ddeall sut y gallai un dyn ddweud ei fod yn berchen ar ddyn arall. Yn ei siop yn y Bontfaen gwrthododd werthu siwgr oedd wedi ei dyfu ar ynysoedd lle roedden nhw'n defnyddio caethweision i drin y planhigion. Gwrthododd hefyd dderbyn arian gan bobl oedd yn prynu a gwerthu caethweision ym Mryste pan oedd yn ceisio gwerthu ei lyfrau yno.

Dyma ddyn oedd yn galw am sefydlu llyfrgell genedlaethol flynyddoedd cyn bod un yn cael ei chreu. Galwodd hefyd am sefydlu amgueddfa werin, ymhell bell cyn i Sain Ffagan agor ei drysau. Daeth y bardd a'r hanesydd hwn, nad oedd erioed wedi bod i goleg, yn un o arbenigwyr pennaf ei ddydd ar hanes a diwylliant Cymru. Ond yn wahanol i rai pobl sy'n astudio pwnc arbennig, penderfynodd Iolo newid cwrs yr hanes hwnnw, gan greu'r dyfodol.

Ymladd y Ffrancwyr

MAE'R RHAN FWYAF O lyfrau hanes yn dweud taw'r tro diwethaf i rywun geisio concro Prydain oedd brwydr enwog Hastings yn y flwyddyn 1066 pan laniodd y Normaniaid o ogledd Ffrainc ar draeth yn ne Lloegr. Dyma'r digwyddiad pan gollodd y Brenin Harold ei lygad yn ystod yr ymladd. Yn wir, dyma'r tro diwethaf i bobl lanio, brwydro ac aros i reoli ar ynysoedd Prydain.

Ond roedd yna laniad arall, tipyn mwy diweddar, ar draeth yn Sir Benfro yn 1797. Y tro hwn nid brenin oedd y concwerwr ond, yn hytrach, menyw o'r enw Jemeima Niclas, neu Jemeima Fawr, a wnaeth lwyddo i ddal deuddeg o filwyr o Ffrainc yn gaeth ar ei phen ei hun, a hithau'n 47 mlwydd oed ar y pryd. Tipyn o fenyw, a dweud y lleiaf! Dyma'i hanes hi...

Yn y flwyddyn honno, 1797, roedd Napoleon Bonaparte yn brysur yn meddiannu rhannau mawr o ganol Ewrop. Tra'i fod oddi cartre, yn ymladd, roedd y llywodraeth yn Ffrainc wedi creu cynllun i geisio perswadio pobl dlawd Prydain i gefnogi Napoleon a byddin Ffrainc.

Ar 18 Chwefror 1797, anfonwyd 1,400 o filwyr o borthladd Camaret yn Llydaw, gyda hen ddyn yn ei saithdegau yn eu harwain, sef y Colonel William Tate, dyn a'i wreiddiau yn America ac Iwerddon. Gan fod milwyr mwyaf profiadol Ffrainc yn teithio ac yn ymladd gyda Napoleon, doedd y milwyr oedd gyda Tate ddim ymhlith y gorau. Roedd nifer ohonyn nhw newydd gael eu rhyddhau o'r carchar ac yn gwisgo dillad glas tywyll, sef iwnifform milwr o Brydain. Yn wir, dim ond 600 ohonyn nhw oedd yn filwyr rheolaidd, tra bod 800 yn gyn-garcharorion, ac yn dal i wisgo'r cyffion am eu traed.

Y bwriad gwreiddiol oedd glanio ger Bryste, yr ail ddinas fwyaf yn Lloegr ar y pryd, a dinistrio'r lle. Yna byddai'r fyddin yn gorymdeithio i Gymru ac ymlaen i Gaer a Lerpwl. Ond ni weithiodd y cynllun o gwbl. Roedd y gwynt yn eu herbyn a methodd pedair llong ryfel lanio yn ddigon agos i Fryste. Felly, penderfynodd Tate symud ymlaen, gyda'r bwriad o lanio ger Aberteifi yng ngorllewin Cymru.

Ond ni chyrhaeddodd Aberteifi chwaith. Hwyliodd llongau Ffrainc i mewn i Fae

Abergwaun ar ddydd Mercher, 22 Chwefror, gyda sawl canon mewn gwersyll yno yn saethu tuag atyn nhw. Ni wyddai'r Ffrancwyr fod y canonau hefyd yn rhoi rhybudd i bentrefwyr a phobl oedd yn byw gerllaw. Yn nerfus, dyma'r llongau yn hwylio tuag at draeth bach tywodlyd Carregwastad ger pentre Llanwnda, a glanio tua dau o'r gloch y bore, gan gludo dynion, arfau a phowdwr gwn i'r tir mawr. Aeth un fintai o filwyr i feddiannu fferm Trehywel a defnyddiwyd y lle fel pencadlys i Tate. Dychwelodd y llongau i Ffrainc er mwyn anfon neges i'r llywodraeth ym Mharis i ddweud bod y fenter wedi llwyddo. Ond anfonwyd y neges yn rhy gynnar...

Yn y cyfamser roedd yr hanes yn mynd ar led yng Nghymru. Roedd rhai o'r milwyr lleol yn Abergwaun wedi rhuthro i blasty crand Tregwynt i ddweud wrth ddyn o'r enw Thomas Knox, uwch-swyddog yn y fyddin, oedd yn bwyta ei swper ar y pryd. Ar y dechrau doedd Knox ddim yn credu'r stori, ond wrth iddo ddod i ddeall perygl y sefyllfa anfonodd neges frys at yr Arglwydd Cawdor, gan ofyn iddo ddod â milwyr ychwanegol o Hwlffordd i'w helpu.

Ar ôl i'r Ffrancwyr lanio diflannodd eu brwdfrydedd yn union fel roedd eu llongau wedi diflannu. Byddai gweld yr hwyliau yn llithro dros y gorwel wedi bod yn ergyd fawr. Dyma ddynion oedd wedi bod yn byw ar ychydig iawn o fwyd yn y carchar ac ar fwrdd llong, ond roedd digonedd o fwyd a diod ar gael yng nghartrefi'r bobl leol yn Sir Benfro ar ôl i long o Bortiwgal â'i chargo o win fwrw'r creigiau.

Aeth y milwyr Ffrengig, yn enwedig y cyngarcharorion, yn wyllt, a chynnal gwledd o fwyta ac yfed. Roedd y rhan fwyaf yn rhy feddw i ymladd. Pan ymddangosodd grŵp o filwyr lleol ar 25 Chwefror 1797, dan arweiniad yr Arglwydd Cawdor a John Knox, ildiodd y Ffrancwyr. Gosododd y milwyr eu harfau i gyd mewn pentwr ar draeth Wdig ac ildiodd y Ffrancwyr yn swyddogol y tu allan i dafarn y Royal Oak.

Yn ôl dogfennau o'r cyfnod roedd Tate wedi ildio i 'sawl mil' o filwyr, er nad oedd unrhyw filwyr yn yr ardal. Ond yn ôl chwedl leol roedd cannoedd, efallai filoedd, o fenywod lleol wedi dod yno yn eu gwisgoedd traddodiadol i weld yr ymladd rhwng y milwyr lleol a'r Ffrancwyr. Efallai, o bell, ac ar ôl yfed sawl gwydraid o win, fod y menywod yn eu clogynnau cochion yn edrych fel milwyr Prydeinig yn eu lifrai sgarlad.

Ond yn ystod y ddau ddiwrnod ar dir Prydain roedd rhai o'r milwyr wedi dysgu am ffyrnigrwydd a dewrder un o'r menywod lleol, sef Jemeima Fawr. Cafodd hi ei bedyddio ym mhentre Mathri ar 2 Mawrth 1755. Pan laniodd y Ffrancwyr roedd Jemeima yn wraig 47 mlwydd oed, yn ddynes fawr, dal a chryf, ac yn briod â chrydd o Abergwaun. Pan glywodd am yr ymosodiad, cerddodd ar ei phen ei hun i Lanwnda gyda phicfforch yn ei llaw, a llwyddo i ddal dwsin o filwyr meddw oedd yn ceisio dwyn defaid a ieir. Perswadiodd nhw i gerdded 'nôl i ganol y dre, lle taflwyd y dwsin i garchar dros dro, y tu ôl i ddrysau trymion Eglwys y Santes Fair.

Mae antur Jemeima Niclas wedi ei chofnodi ar dapestri hyfryd sy'n hongian yn Neuadd y Dre, Abergwaun, ac mae plac hefyd yng nghanol y dre i gofnodi'r digwyddiad. Dyma arwres oedd yn medru ennill brwydr heb saethu'r un fwled. Bu hi byw am flynyddoedd lawer wedi'r digwyddiad rhyfedd hwn yn Abergwaun, nes ei bod yn hen fenyw 82 mlwydd oed. Mae'r geiriau ar ei charreg fedd yn adrodd yn glir y parch sydd iddi:

'In memory of Jemima Nicholas of this town. The Welsh heroine who boldly marched to meet the French invaders who landed on our shores in February 1797.'

Ie, arwres Gymreig, arwres yr awr.

Llosgi a chwalu

LLE TLAWD IAWN OEDD cefn gwlad Cymru ar ddechrau'r bedwaredd ganrif ar bymtheg. Oherwydd tywydd gwael, flwyddyn ar ôl blwyddyn, ni lwyddai'r ffermwyr i dyfu cnydau megis ŷd i'w gwerthu. Bu'n rhaid iddyn nhw hyd yn oed brynu ŷd am brisiau uchel i fwydo eu teuluoedd eu hunain. Roedd y boblogaeth yng nghefn gwlad wedi dyblu mewn can mlynedd, er bod nifer o bobl wedi symud i chwilio am waith yn yr ardaloedd diwydiannol, a rhai wedi teithio mor bell ag America. Ar ben hynny, roedd yn rhaid i ffermwyr bychain dalu rhent uchel i'r bobl oedd yn berchen y tir.

Roedd y perchnogion, y meistri tir yn eu tai crand, yn wahanol iawn i'r Cymry tlawd oedd yn byw mewn bythynnod ac yn ffermio'r tir, yn byw bywydau syml, yn mynd i'r capel ac yn siarad Cymraeg. Ar y llaw arall roedd y meistri'n Seisnig iawn ac yn perthyn i Eglwys Loegr. Byddai'n rhaid i'r gweithwyr ar y tir dalu un rhan o ddeg o gynnyrch y tir – treth y

51

degwm – i'r Eglwys. I wneud pethau'n waeth, newidiodd y gyfraith yn 1836. Ar ôl hynny roedd yn rhaid talu'r degwm mewn arian yn hytrach na gyda chynnyrch fel menyn neu gig moch.

Chwyddodd nifer y bobl dlawd ar draws cefn gwlad ac adeiladwyd cartrefi mawr creulon ar eu cyfer, sef y tlotai, y *workhouses*. Ac roedd rhaid codi arian gan y tlodion i adeiladu ac i gynnal y rhain! Teimlai pobl fod hyn yn annheg iawn ac felly, ym mis Ionawr 1839, llosgwyd y tloty newydd yn Arberth i'r llawr.

Ffordd arall o godi arian oedd drwy godi tâl am ddefnyddio hewlydd, yn debyg i'r hyn sydd yn digwydd heddiw wrth i geir groesi afon Hafren ar yr M4. Byddai ffermwr a'i gart yn cyrraedd giât neu dollborth ac yn gorfod talu arian cyn symud ymlaen i'r darn nesaf o hewl. Byddai nifer o gwmnïau gwahanol yn codi tollau am deithio ar hyd ffyrdd gwledig. Roedd 11 tollborth rhwng Pontarddulais a Chaerfyrddin, er enghraifft, a ffermwyr oedd yn teithio i nôl calch neu fynd i'r farchnad yn gorfod talu tollau afresymol o uchel. Ond roedd angen y calch i wella'r tir er mwyn tyfu cnydau. Er mwyn osgoi talu treth byddai ambell ffermwr yn gwthio cart trwm yn llawn calch ar hyd llwybrau a hewlydd bach, gan wneud eu gwaith yn fwy caled fyth.

Does dim rhyfedd bod pobl wedi mynd yn ddig iawn ynglŷn â'r dreth-ar-deithio yma ac ar 13 Mai 1839, cafodd giât y tollborth yn Efail-wen, ar y ffin rhwng Sir Benfro a Sir Gaerfyrddin, ei chwalu. Yr arweinydd oedd Twm Carnabwth, neu Thomas Rees, dyn cryf oedd yn byw yn nhyddyn Carnabwth ym Mynachlog-ddu ar lethrau mynyddoedd y Preselau. Byddai Twm yn arfer bocsio yn y ffeiriau, felly doedd arno ddim ofn ffeit, ac roedd yn arweinydd naturiol.

Trefnodd Twm Carnabwth i'r protestwyr dduo'u hwynebau a gwisgo dillad menywod fel na fyddai'r awdurdodau yn gallu eu hadnabod. Gan ei fod mor fawr, cafodd Twm drafferth dod o hyd i ddillad i'w ffitio, ond cafodd rai addas yn y diwedd gan wraig o'r enw Beca Fawr o blwyf Llangolman.

Ond efallai fod rhesymau eraill pam roedd 'Merched Beca', fel y'u gelwid, yn gwisgo lan. Roedd gan y Cymry hen arferiad yn ymwneud â'r ceffyl pren, lle bydden nhw'n gwisgo'n rhyfedd i gosbi aelod o'r gymdeithas oedd wedi torri rheolau. Câi'r troseddwr ei roi ar gefn ceffyl pren a'i orfodi i sefyll prawf ffug. Roedd drama o'r fath wrth galon cymdeithas cefn gwlad: cyn dinistrio tollborth byddai'r Merched yn perfformio drama fach syml, gyda'r Fam yn gofyn am help gan ei Merched i'w chwalu.

Felly, yng nghanol nos, drylliwyd giât Efail-wen gan Twm Carnabwth a'i griw bach – gydag enwau ffug megis Charlotte, Nelly a Miss Cromwell – yn cario morthwylion a bwyelli miniog. Gallwch ddychmygu'r ofn wrth i drigolion y tolldai edrych allan i'r tywyllwch a gweld menywod gydag wynebau du yn gwneud y sŵn rhyfeddaf wrth daro padelli'n galed yn erbyn ei gilydd. Cafodd y giât yn Efail-wen ei hailgodi ond fe'i dinistriwyd eto ychydig wythnosau yn ddiweddarach gan griw o 400 o ddynion, gan godi braw unwaith eto ar geidwad y tollborth a'i deulu, cyn diflannu i'r nos.

Parhaodd y trwbl am 13 niwrnod, gan gynnwys dinistrio'r tollborth yn Heol y Dŵr, Caerfyrddin yn gyfan gwbl. Roedd targedau'r protestwyr yn cynnwys nid yn unig y tollbyrth a'r tlotai ond hefyd rannau o'r afonydd lle roedd y beilïaid yn rheoli pwy oedd yn cael pysgota.

Yna, bu tawelwch am dros dair blynedd cyn i'r Merched greu terfysg unwaith eto ar draws de-orllewin Cymru. Gafodd giât yn Sanclêr ei chwalu, a chyn hir roedd trwbl yn Sir Benfro a Sir Gaerfyrddin ac yn ne Sir Aberteifi a gorllewin Morgannwg, gan ledu mor bell â Maesyfed yn y canolbarth. Dim ond un brotest debyg a ddigwyddodd yn y gogledd, a hynny ym Mhenmorfa ger Porthmadog.

Tyfodd y dicter ymhlith y bobl. Ym mis Mehefin 1843 llwyddodd torf o 2,000 o bobl i ymosod ar dloty Caerfyrddin. Er bod plismyn o Lundain a milwyr wedi symud i dde-orllewin Cymru i ddelio â'r sefyllfa, aeth pethau o ddrwg i waeth. Yn ystod 1842–3 ymosodwyd ar 500 o dargedau amrywiol – roedd tua hanner ohonyn nhw yn dollbyrth. Roedd yn gas gan y werin dalu trethi'r tlodion am y tlotai creulon newydd. Wedyn aeth Merched Beca i ymosod ar dlotai Arberth a Chastellnewydd Emlyn. Gan amlaf, criw bychan fyddai'n dod ynghyd, ond weithiau byddai tyrfa o gannoedd. Ambell waith byddai 'Beca' yn ymddangos fel hen fenyw ddall, gan ddweud bod rhywbeth yn y ffordd, a byddai ei 'phlant' yn rhuthro i gael gwared â'r rhwystr oedd o'i blaen, sef y tollborth.

Felly, tyfodd protest leol yn erbyn talu tollau ffyrdd yn derfysg pwysig. Daeth Merched Beca i gynrychioli'r frwydr dros hawliau'r werin bobl yng nghefn gwlad. Yn anffodus, roedd ambell ymosodiad yn troi'n dreisgar. Cafodd hen wraig o'r enw Sarah Williams ei lladd yn yr

Hendy, ger Pontarddulais, a chollodd ceidwad tollborth New Inn, Ceredigion, ei olwg. Collodd yr ymgyrch gefnogaeth oherwydd digwyddiadau fel hyn.

Un diwrnod ym mis Mehefin 1843 aeth 2,000 o brotestwyr, dan faner gyda'r geiriau 'Cyfiawnder. A Charwyr Cyfiawnder Ydym Ni Oll' arni, i Gaerfyrddin. Ymosododd y dyrfa ar wyrcws Pen-lan, ond cawson nhw eu gwasgaru gan filwyr y Fourth Light Dragoons. Daeth newyddiadurwr o bapur newydd *The Times*, Thomas Campbell Foster, i'r ardal i adrodd am y terfysg. Ond roedd Foster yn cydymdeimlo â'r ffermwyr, yn enwedig ar ôl iddo fod mewn cyfarfod dirgel yng Nghwmifor, ger Llandeilo. Roedd rhai cyfarfodydd yn sylweddol iawn. Ymgasglodd 3,000 o bobl mewn cyfarfod cyhoeddus ar Fynydd Sylen, ger Pontyberem, yn Awst 1843.

Ond erbyn hyn roedd rhai ffermwyr yn dechrau troi yn erbyn yr ymgyrch oherwydd yr holl drais. Sefydlwyd Comisiwn i archwilio'r cwynion gan y llywodraeth, tawelodd pethau yng nghefn gwlad a chafodd y cwmnïau tyrpeg eu newid. Cafodd y dreth ar symud calch ei gostwng hefyd.

Aeth sawl un o Ferched Beca i'r carchar a chafodd rhai eu hanfon i Van Diemen's Land, sef ynys Tasmania oddi ar arfordir Awstralia, lle roedd bywyd yn greulon ac yn galed.

Mae rhamant y terfysg wedi tanio dychymyg llawer o nofelwyr, baledwyr ac arlunwyr dros y blynyddoedd. Mae Terfysg Beca yn parhau yn symbol cryf o'r werin yn codi ei llais yn erbyn gorthrwm ac anghyfiawnder trwy sefyll gyda'i gilydd fel cymuned.

Braveheart Cymru

MAE POB MATH O arwyr ac arwresau yn y llyfr hwn, ond dim ond un sy'n medru cael ei ddisgrifio fel gwir arwr cenedlaethol. Dyma gymeriad hanesyddol go iawn, Owain ap Gruffydd Fychan, sydd wedi tyfu i fod yn llawer mwy na hynny, wrth i chwedl a myth gymysgu gyda ffeithiau ei fywyd. Mae hanes Owain wedi ysbrydoli pobl o sawl cenhedlaeth a gallwch weld ei faner yn hedfan yn falch mewn sawl lle heddiw. Mae cerfluniau ohono, a thafarnau wedi eu henwi ar ei ôl.

Roedd Owain Glyndŵr, a gafodd ei eni tua 1354, yn perthyn i deulu hen dywysogion Powys Fadog oedd yn berchen ar dir yn ardal Corwen yng ngogledd Cymru. Drwy ei fam, Elen, cafodd diroedd eraill yng ngorllewin Cymru. Yn wir, roedd nifer o deuluoedd crand Cymru yn ymddwyn yn debyg iawn i deuluoedd Seisnig ar y pryd a doedd Owain ddim gwahanol iddyn nhw.

Priododd Owain â Margaret, merch i Syr

David Hanmer, cyn astudio'r gyfraith yn Llundain. Does dim tystiolaeth ei fod wedi ennill arian fel cyfreithiwr ond does dim dwywaith ei fod wedi derbyn addysg dda. Wedyn, dechreuodd Owain ymladd fel milwr. Aeth i ymladd ar ran Syr Grigor Sais gan fynd mor bell â Berwick yn yr Alban. Yn 1385 bu'n brwydro ar ran Rhisiart II, eto yn yr Alban, ac roedd Owain wedi ymladd ar y môr hefyd, gan frwydro yn erbyn llongau'r Ffrancwyr yn 1387.

Ond roedd ei fywyd weithiau yn fwy hamddenol. Sefydlodd Owain ei brif lys mewn lle o'r enw Sycharth, yn Llansilin ym Mhowys, ac mae barddoniaeth o'r cyfnod yn awgrymu bod bywyd yn braf yno iddo ef a'i deulu. Ar y pryd roedd y berthynas rhwng teuluoedd bonheddig Cymru a Lloegr yn weddol heddychlon, ond roedd problemau megis y Pla Du yn symud fel cysgod dros y tir ac yn lladd mwy o bobl nag unrhyw ryfel.

Dyma sgweier canol oed a oedd yn cyd-fyw â'r Saeson yn heddychlon ac yn hapus ei fyd. Roedd ganddo gwningod a cholomennod a cheirw ar ei dir, a digon o bysgod yn ei lynnoedd a'i afonydd. Gyda'r nos byddai'n yfed cwrw o Amwythig ac yn gwrando ar feirdd fyddai'n dod i adrodd cerddi wrth y tân. Roedd bywyd yn braf iawn i Owain a'i deulu. Tan 1400, pan drodd yn rebel.

Gallai Owain fod wedi byw'r bywyd tawel hwnnw am weddill ei oes, ond ar 16 Medi 1400 dechreuodd wrthryfela yn erbyn y Saeson oherwydd ffrae rhyngddo a Reginald Grey, Arglwydd Dyffryn Clwyd ar y pryd. Roedd Grey a Glyndŵr wedi ffraeo dros ddarnau o dir ond hefyd oherwydd bod Grey wedi methu â rhoi cais gan y Brenin Harri IV i Owain fynd i ymladd yn yr Alban, gan wneud i Owain edrych fel bradwr.

Ond roedd Owain wedi darllen llyfrau oedd yn proffwydo y byddai dyn yn ymddangos un diwrnod i arwain Cymru, ac roedd yn credu taw ef ei hun oedd y dyn hwnnw. Tra bod arweinwyr eraill yn brwydro yn erbyn y Saeson ar draws Cymru, Owain Glyndŵr oedd yn arwain y gwrthryfel.

Ar 16 Medi 1400 daeth criw o dri chant o gefnogwyr at ei gilydd yng Nglyndyfrdwy ger Corwen a datgan taw Owain Glyndŵr oedd Tywysog Cymru. Roedd yn ddigon i danio ymladd yn y gogledd-ddwyrain. Martsiodd cefnogwyr Glyndŵr drwy dre Rhuthun, gan losgi popeth i'r llawr. Cyn hir, dim ond y castell ac un tŷ oedd yn dal i sefyll yno. Ymlaen â nhw, gan ymosod ar drefi eraill yng Nghymru a thros y ffin – Dinbych, Rhuddlan, Fflint, Penarlâg, Croesoswallt, Holt a'r Trallwng.

Bu'n rhaid i Harri IV godi byddin gyda dynion o ddeg sir i fynd i geisio delio â'r gwrthryfel. Ond roedd gan Owain gefnogaeth ym mhob haen o gymdeithas. Daeth teulu ar ôl teulu i gefnogi Glyndŵr, rhai fel Rhys Gethin o Gonwy a Gwilym Gwyn ap Rhys Llwyd o Gydweli, ac roedd swyddogion cyffredin a sawl mynach yn ei gefnogi hefyd.

Yn Lloegr, mewn dinasoedd fel Rhydychen a Chaergrawnt, bu pobl yn protestio yn erbyn y Cymry, gyda nifer o'r myfyrwyr o Gymru yn ymateb i hynny drwy adael eu colegau a dychwelyd adre i gefnogi eu harweinydd newydd. Ac roedd dynion cyffredin, oedd yn gweithio'r tir yn Lloegr, hefyd wedi dod adre i gefnogi'r achos. Ar draws Cymru tyfodd y gefnogaeth i Owain. Ar Ynys Môn roedd Gwilym a Rhys Tudur yn arwain y gad, ac yn y de roedd Harri Dwn o Gydweli yn gefnogwr pwysig i'r achos. Fel Owain, roedd Harri Dwn yn hen law ar filwra a gallai gynnig cyngor da i Owain, ynghyd â rhoi dynion dewr iddo, i sefyll wrth ei ochr.

I ddechrau, llwyddodd milwyr Harri IV i ddelio â'r broblem ond yn 1401 llwyddodd y Cymry, dan arweiniad Gwilym ap Tudur o Benmynydd, i gipio castell Conwy. Yna, enillodd Glyndŵr frwydr bwysig ar Fynydd Hyddgen ar lethrau Pumlumon, er bod gan y Saeson lawer mwy o filwyr na chriw Glyndŵr.

Bu'n rhaid i'r brenin aildrefnu ei fyddin ac aros tan yr hydref i ymladd yn ôl. Yn ne Cymru cymerodd nifer o blant yn garcharorion a lladdwyd nifer o gefnogwyr Owain, a chafodd mynachod abaty Ystrad Fflur eu taflu allan. Ar ben hynny cyflwynodd ddeddfau newydd. O hynny ymlaen ni allai'r Cymry fod yn berchen ar dir nac eiddo yn Lloegr. Doedd ganddyn nhw mo'r hawl i droi cartref yn gastell, na bod yn berchen ar arfau, nac i ymgynnull yn gyhoeddus, na hyd yn oed i wrando ar feirdd yn adrodd cerddi. Ond er gwaetha'r rheolau newydd llwyddodd Glyndŵr i symud o'r naill le i'r llall, gan ymladd ac ennill brwydrau. Roedd hyn yn ddigon i achosi trafodaeth frwd amdano o fewn y llywodraeth yn Llundain.

Yn 1402 symudodd byddin y brenin mewn tri grŵp sylweddol o ardal y ffin, ond roedd y tywydd yn wael iawn – gyda glaw yn gymysg ag eira – ac roedd nifer yn credu bod hyn yn profi bod gan Owain Glyndŵr bwerau goruwchnaturiol. Erbyn iddo gyrraedd Dyffryn Tywi ym mis Gorffennaf 1403 roedd enw Owain ynddo'i hun yn ddigon i godi ofn ar bobl.

Gallai fod yn ddyn creulon: pan oedd yn ymosod ar gastell Carreg Cennen gwrthododd i'r menywod o fewn y castell adael yn ddiogel. Yn 1403 cafodd lwyddiant personol trwy ddal ei hen elyn, Reginald Grey, gan ofyn am 10,000 marc yn dâl i'w ryddhau. Yn yr haf gwnaeth dynion Dyffryn Tywi ei dderbyn fel tywysog a chwyddodd ei fyddin o 8,000 o ddynion pan ymunodd dynion o bob cwr ag ef, gan gynnwys Ceredigion, Conwy a Chydweli.

Llwyddodd Owain i gipio cestyll Castell-newydd Emlyn, Carreg Cennen a Llansteffan. Roedd y bobl yn gwrthryfela ym mhobman, gan ymosod ar Frynbuga, Caerllion, y Fenni, Casnewydd a Chaerdydd: roedd cipio Caerdydd yn llwyddiant mawr.

Erbyn 1404 roedd Owain wedi cipio cestyll Harlech ac Aberystwyth. Cafodd Senedd ei sefydlu ym Machynlleth gan ddod i gytundeb â Ffrainc – gyda chynrychiolwyr yn dod o'r Alban hefyd, a Castille yn Sbaen. Cafodd gefnogaeth nifer o bobl bwysig yr Eglwys yn ogystal. Yn 1405 daeth byddin o 2,500 o ddynion o Ffrainc i Aberdaugleddau i ymuno â 10,000 o ddynion Owain – tua 5% o holl boblogaeth Cymru ar y pryd – gan fynd i Loegr i hawlio'r tir. Ond doedd yr ymgyrch yma ddim yn llwyddiant mawr.

Yn yr un flwyddyn cafodd Senedd ei chynnal yn Harlech, ond roedd pethau'n dechrau mynd ar chwâl. Roedd Coron Lloegr yn dechrau ennill y dydd a phobl yn Ffrainc am weld heddwch gyda Lloegr. Er bod Senedd Owain wedi cwrdd am yr ail waith yn Harlech ym mis Awst, collodd frwydr yn Rhosmeirch ar Ynys Môn, a cholli castell Biwmares.

Ond roedd Owain yn dal i geisio newid Cymru. Ysgrifennodd at frenin Ffrainc, Siarl VI, yn cynnig cefnogi'r Pab yn Ffrainc yn hytrach na'r un yn yr Eidal. Er mwyn i hyn ddigwydd gofynnodd Owain am ddwy brifysgol, un yn ne Cymru a'r llall yn y gogledd; eglwys annibynnol gyda'i phencadlys yn Nhyddewi, ac offeiriaid oedd yn siarad Cymraeg; a rhoi diwedd ar anfon arian o Gymru i Eglwys Loegr.

Roedd pethau'n edrych yn ddu ar Owain pan gollodd gastell Aberystwyth ac yna gastell Harlech, lle cipiwyd nifer o'i deulu agos. Bu'n rhaid i Owain a'i fab ffoi ac ar yr un pryd llosgwyd eu cartref yn Sycharth i'r llawr. Heb y Ffrancwyr i'w helpu roedd gormod o filwyr yn ei erbyn.

Erbyn 1412 roedd y gwrthryfel drosodd i

bob pwrpas, a diflannodd Owain. Does neb yn gwybod i ble'r aeth yn union, ond mae peth tystiolaeth ei fod wedi mynd i Swydd Henffordd lle roedd ei ferch Alys yn byw.

Roedd gwrthryfel Glyndŵr wedi chwalu trefi a phentrefi ar draws y wlad a bu'n hir cyn i ambell ran o gefn gwlad ailddechrau cynhyrchu bwyd fel o'r blaen. Ond llwyddodd Owain Glyndŵr i danio ysbryd y Cymry, a dechreuodd droi yn ffigwr chwedlonol, bron. Ysgrifennodd William Shakespeare amdano yn ei ddrama *Henry IV*, gan greu portread ohono fel dyn a chanddo bwerau hud. Mae'n gymeriad tebyg iawn i William Wallace, 'Braveheart' yr Albanwyr, yn codi'r ysbryd ac yn tanio'r dychymyg.

Mae 16 Medi wedi cael ei glustnodi fel Dydd Owain Glyndŵr. Ef oedd tywysog olaf y Cymry i gael ei eni yng Nghymru.

Bandit caredig Dyffryn Tywi

Mae'r goedwig yn ddu ac yn dywyll, y dail yn sibrwd fel lladron, heb hyd yn oed gri'r dylluan i dorri'r tawelwch. Dyma'r lle i guddio, dyma'r lle i gadw draw...

ANGHOFIWCH ROBIN HOOD a'i anturiaethau diri yn Sherwood Forest! Yng Nghymru roedd gennym ein lleidr pen-ffordd ein hunain, sef Twm Siôn Cati. Byddai'n cuddio mewn llefydd fel Mynydd Dinas, ger pentre Rhandir-mwyn yn Nyffryn Tywi, gyda Siryf Caerfyrddin ar ei ôl, yn union fel y byddai Siryf Nottingham yn gwneud ei orau i ddal Robin Hood, Maid Marian a Friar Tuck.

Ac fel Robin Hood, mae'n debyg bod Twm Siôn Cati yn dwyn oddi ar y cyfoethog er mwyn rhoi i'r tlawd. Wel, dyna mae rhai pobl yn ei gredu. Efallai nad oedd yn rhoi'r holl arian i bobl oedd ei angen, ond mae sawl stori amdano'n sôn am y ffaith ei fod yn ddyn caredig.

Enw iawn Twm Siôn Cati oedd Thomas Jones, ac fe'i ganwyd yn 1530 mewn tŷ o'r enw Porth y Ffynnon, ger Tregaron yng Ngheredigion. Byddai rhai'n mynnu taw ei dad oedd Syr John Wynn, dyn pwysig oedd yn berchen ar gastell Gwydir. Ond, mewn gwirionedd, dyn arall o'r enw John oedd ei dad, a hwnnw'n fab i ddyn gyda llond pen o enw, sef Dafydd ap Madog ap Hywel Moetheu. Ac roedd y Cati yn ei enw yn dod o enw ei fam, sef Catherine. Ond efallai nad yw Twm Siôn Catherine yn enw da ar leidr!

Dyn ifanc, gwyllt oedd Twm Siôn Cati, ac yn ôl y sôn, bu'n arwain criw oedd yn torri i mewn i dai ac yn dwyn gwartheg. Gallai ddefnyddio bwa a saeth gyda'r gorau, ac yn hytrach na niweidio pobl wrth ddwyn eu harian, byddai'n anelu'r saeth yn ofalus iawn, ac yn llwyddo i fynd drwy eu dillad ac i mewn i gyfrwy'r ceffyl. Roedd Twm yn fardd, ac roedd yn gwybod llawer iawn am hanes teuluoedd lleol, ac yn medru dweud pwy oedd pwy yn yr ardal wrth hel achau.

Cafodd Twm addysg weddol dda, a'i athrawon i gyd yn dweud ei fod yn ddisgybl clyfar a chyfrwys. Cyfrwys, o ie! Mae un stori enwog amdano'n mynd i siop yn Llanymddyfri i brynu potyn er mwyn coginio uwd. Dangosodd y perchennog sawl math o botyn iddo ond doedd Twm ddim yn hapus gyda'r un ohonyn nhw, er bod dyn y siop yn mynnu nad oedd gwell potyn yng nghegin y brenin ei hun. Cododd Twm un o'r potiau a'i ddal i fyny yn erbyn y golau, gan ddweud bod twll ynddo. Gwnaeth y perchennog yr un peth. Mewn chwinc dyma Twm yn gwthio'r potyn dros ben y dyn gan ofyn sut ar wyneb daear, os nad oedd 'na dwll, roedd pen dyn mor fawr a thwp wedi ei ddal ynddo!

Mae'r awdur George Borrow yn ei lyfr enwog *Wild Wales* (1862) yn adrodd hanes am Twm, ac am ffermwr yn chwilio am fuwch sydd wedi mynd ar goll. Mae'r ffermwr yn cyrraedd tŷ mam Twm ac yn gofyn i'r dyn tlawd sy'n ateb y drws a ydy Twm yn byw yno. Mae'r dyn yn cynnig dal ceffyl y ffermwr ac wrth i'r ffermwr gerdded i mewn i'r tŷ mae'r dyn, sef Twm, yn neidio ar gefn y ceffyl ac yn diflannu. I ble? Wel, i dŷ'r ffermwr druan. Mae Twm yn dweud wrth ei wraig bod ei gŵr mewn trwbl a bod angen arian arno. Mae'r ffaith fod ceffyl ei gŵr gan Twm yn help i'w pherswadio, ac mae'n rhoi arian i Twm, sy'n carlamu'r holl ffordd i Lundain, ac yn gwerthu'r ceffyl.

Efallai fod chwedlau'n tyfu amdano, fel chwyn yn yr ardd, ac yn sicr dros y canrifoedd tyfodd anturiaethau'r Robin Hood Cymreig nes bod Twm Siôn Cati yn enw oedd ar dafod pawb. Ysgrifennodd nifer o awduron amdano, gan gynnwys George Borrow, ac ymddangosodd hefyd mewn llyfr am hanes Ceredigion gan Syr Samuel Rush Meyrick a gyhoeddwyd yn 1810. Yn 1822 ac 1823 ymddangosodd dau lyfr amdano gan William Frederick Deacon, sef *Twm John Catty, the Welsh Robin Hood* a *The Welsh Rob Roy*. Mae'r ail yn cyfeirio at y ffigwr enwog yn yr Alban a oedd hefyd yn lleidr pen-ffordd ac yn arbenigo mewn dwyn gwartheg.

Ond efallai mai'r nofel hynod o boblogaidd *The Adventures and Vagaries of Twm Shôn Catti* (1828) sy'n esbonio pam y tyfodd Twm Siôn Cati i fod yn ffigwr cenedlaethol. Caiff hon ei hadnabod fel 'nofel gyntaf Cymru yn Saesneg' ac fe werthwyd miloedd o gopïau, er bod yr awdur druan, Thomas Jeffery Llewelyn Prichard, wedi gorffen ei fywyd mewn ardal dlawd o Abertawe a marw yno ar ôl llosgi wedi iddo gwympo i'w dân ei hun. Yn ddiweddarach, ymddangosodd cyfres o gartwnau trawiadol yn y *Western Mail* yn adrodd storïau am Twm Siôn Cati. Dyma ffordd arall o wneud yn siŵr fod enw Twm yn aros yn y cof, yr arwr cefn gwlad ar ras ar gefn ei geffyl neu'n cuddio yn y coed derw.

Yn nes at ein dyddiau ni, cafodd Twm ei gyflwyno i genedlaethau o blant Cymru yn nofelau poblogaidd T. Llew Jones.

Yng nghanol y goedwig, ar lethrau unig, lle mae mynyddoedd Elenydd yn dechrau codi'n uwch ac yn uwch, roedd gan Twm fan arbennig i guddio, sef ogof fechan. Mae'r lle'n dwyn yr enw Ogof Twm Siôn Cati hyd y dydd heddiw. Gallwch ymweld â'r ogof, sydd bellach yn rhan o warchodfa'r Gymdeithas Frenhinol er Gwarchod Adar. Mae'n lle da i weld adar yr haf, sydd wedi hedfan yno yr holl ffordd o Affrica ac, wrth gwrs, y barcud. Y coedwigoedd yma oedd cadarnle'r aderyn hyfryd hwn pan oedd yn brin iawn. Ond yn y gaeaf, pan mae min ar y gwynt, a'r barcud yn gorfod hedfan yn bell i chwilio am fwyd, gallwch ddychmygu'r ardal yma, gyda'r ogof fechan ddu yn ei chanol, yn lle perffaith i leidr guddio. Mae'n bell iawn o bob man, a'r llwybrau ar draws y mynydd yn anodd i'w gweld, ac ar hyd yr afonydd mae cerrig y llwybrau cudd yn slic a pheryglus.

Rhedodd Twm i ffwrdd i Genefa yn y Swistir yn 1557 i chwilio am loches, gan ddychwelyd i Gymru ddwy flynedd yn ddiweddarach i dderbyn pardwn llawn gan y Frenhines Elizabeth I. Ar ôl 1559 mae'r gwirionedd a'r chwedl yn gymysg â'i gilydd, ac anodd dweud beth yn union ddigwyddodd i Twm.

Yn sicr, fe astudiodd hanes a llenyddiaeth Cymru ac roedd pobl gyfoethog Ceredigion yn cyflogi Twm i hel achau eu teuluoedd crand, gan fod hyn yn bwysig iawn iddyn nhw, ac yn cadarnhau eu statws. Mae nifer o'i weithiau achyddol wedi goroesi hyd y dydd heddiw, ac mae'r un peth yn wir am rai o'i weithiau barddonol, sydd bellach yn y Llyfrgell Brydeinig yn Llundain. Ac mae'n debyg bod Twm wedi cael ei urddo mewn eisteddfod yn Llandaf yn 1564.

Yn ôl un chwedl amdano priododd Twm fenyw o'r enw Joan, sef merch i Syr John Price o Aberhonddu – priodi gwraig gyfoethog felly. Ond, mewn gwirionedd, ni phriododd Twm tan ei fod yn ei saithdegau, pan briododd â gweddw Siryf Caerfyrddin. Ar ôl priodi daeth Twm yn Siryf ei hun, a hefyd yn ynad heddwch, gan glywed achosion yn yr union lys roedd wedi ei osgoi am flynyddoedd pan oedd yn fandit cefn gwlad.

Ac os ewch chi lan i'r ogof gudd ym Mynydd Dinas ar ddiwrnod oer yn y gaeaf, efallai y gwelwch chi gysgod Twm yn sleifio rhwng y coed. Mae ei ysbryd, fel y straeon amdano, yn dal yn fyw.

W. H. DAVIES

Y trempyn a'r bardd

What is this life if, full of care,
We have no time to stand and stare?

NI FYDD TREMPYN DIGARTREF fel arfer yn troi'n
fardd llwyddiannus ond dyna ddigwyddodd i
William Henry Davies o Gasnewydd. Teithiodd
ar draws America, yn aml heb yr un *cent* yn ei
boced. Dychwelodd i Brydain a throi'n fardd
poblogaidd iawn yn y pen draw, gan gyhoeddi
nifer o lyfrau a dod yn adnabyddus yn y byd
llenyddol.

Yn briodol iawn i rywun wnaeth deithio
cymaint yn ystod ei fywyd, ei gof cyntaf oedd
bod ar fwrdd llong, y *Welsh Prince*, oedd yn
arfer teithio 'nôl a blaen rhwng Casnewydd a
Bryste, ynghanol storom mor bwerus nes bod
y llong bron â suddo.

Bu farw ei dad pan oedd William yn fachgen
ifanc. Magwyd ef yn nhafarn y Church House
Inn yn ardal y dociau yng Nghasnewydd gan
ei dad-cu, hen gapten llong, a'i fam-gu. Yno

byddai'n cael cwrw cyn cysgu fel y byddai plant eraill yn cael paned o siocled poeth.

Er ei fod yn ddisgybl da yn yr ysgol i ddechrau – lle cwympodd mewn cariad â'r Beibl a barddoniaeth Saesneg – yn ddyn ifanc roedd ei fryd ar bethau eraill. Bu'n un o haid o ladron oedd yn dwyn o siopau, nes iddo gael ei ddal yn dwyn bag. Cafodd ei gosbi'n llym, gan deimlo blas y wialen fedw, a chael ei chwipio â chansen ddeuddeg gwaith.

Wedi gadael yr ysgol yn 1886 cafodd brentisiaeth yn gwneud fframiau ar gyfer lluniau, gan ddatblygu diddordeb mewn celf. Tua'r un cyfnod dechreuodd ymddiddori ym myd natur, gan fwynhau cerdded yng nghefn gwlad Gwent a cheisio gwella ei sgiliau barddonol ar yr un pryd.

Yn 1893, gyda pheth arian o ewyllys ei fam-gu, penderfynodd fynd i America, gan adael porthladd Lerpwl gyda ffrind oedd wedi ymweld â'r wlad o'r blaen. Wedi cyrraedd Efrog Newydd symudodd y ddau ymlaen yn gyflym i Connecticut, gyda deg doler yn unig rhyngddyn nhw. Dechreuodd deithio ar drenau a chwrdd â chast o gymeriadau rhyfedd ymhlith yr hobos, megis Brum a New Haven Bandy.

Methodd W. H. Davies ddod o hyd i waith

i ddechrau, oherwydd roedd hwn yn gyfnod llwm i bawb yn America. Parhaodd i grwydro, a chael peth gwaith ar ffermydd a threulio'r gaeaf yn y carchar i gadw'n dwym gan wybod ei bod hi'n fwy cynnes mewn cell nag allan yn yr awyr agored. Yno, byddai'n chwarae cardiau, ac yn canu a darllen yng nghwmni difyr iawn ei gyd-garcharorion.

Croesodd yr Iwerydd saith gwaith, yn cludo gwartheg ac, ar un achlysur, cargo o ddefaid. Doedd e ddim wedi mwynhau'r profiad yma o gwbl, fel y nododd mewn cerdd o'r enw 'Sheep':

They sniffed, poor things, for their green fields,
They cried so loud I could not sleep:
For fifty thousand shillings down
I would not sail again with sheep.

Daeth yn ôl i Gasnewydd yn 1898 a llwyddo i wario gweddill arian ei fam-gu yno ac yn Llundain. Ond roedd pawb yn sôn am aur, mewn llefydd fel y Klondike yng Nghanada, ac yn 1899 ymunodd â'r dorf oedd yn heidio yno i chwilio am ffortiwn.

Ar 20 Mawrth 1899 yn ninas Renfrew, Ontario, ceisiodd neidio ar fwrdd trên yng nghwmni dyn o'r enw Three-fingered Jack.

Ond collodd ei afael a chafodd ei droed dde ei gwasgu dan yr olwynion. Yn y pen draw bu'n rhaid iddo golli'r goes o dan y pen-glin, a gwisgo coes bren am weddill ei oes. Mae'n debyg taw'r digwyddiad yma, yn fwy na dim, a'i gwnaeth yn fardd. Roedd ysbryd W. H. Davies yn gryf, ac mewn cerdd a ysgrifennodd yn ddiweddarach o'r enw 'The Fog' mae'n disgrifio dyn dall yn arwain dyn arall drwy niwl, sy'n awgrymu nad yw bod yn anabl yn rhwystr bob amser.

Erbyn hyn roedd ei fryd nid ar aur ond ar eiriau. Roedd W. H. Davies eisiau sefydlu ei hunan fel bardd, ond bu'r camau cyntaf yn boenus iddo. Ar y pryd roedd yn byw mewn hostel o'r enw The Ark yn ne Llundain ac roedd yn casáu'r lle. Yno byddai'n cyfansoddi cerddi yn ei ben ac yn eu hysgrifennu nhw ar bapur ar ôl i bawb arall fynd i gysgu, oedd yn golygu ei fod yn gorfod eu cadw'n syml fel y gallai eu cofio. Benthycodd arian er mwyn argraffu'r cerddi yma, fesul un, gan geisio eu gwerthu o ddrws i ddrws. Ni lwyddodd y fenter, ac wedi iddo ddychwelyd i'r Ark un noson yn ddyn anhapus iawn, dyma William yn llosgi ei holl gerddi yn y tân.

Cyhoeddodd ei lyfr cyntaf, *The Soul's Destroyer*, gyda'i arian ei hun yn 1905 a bu'n rhaid iddo grwydro fel trempyn am chwe mis i dalu am y gyfrol. Anfonodd gopïau at bobl amlwg, gyda llythyr yn gofyn iddyn nhw anfon cost y llyfr, sef hanner coron, ato. Drwy hyn llwyddodd i werthu 60 o'r 200 copi, ac ymhlith y bobl wnaeth brynu copi roedd dyn o'r enw Arthur Adcock oedd yn gweithio i'r *Daily Mail*. Gwelodd Adcock rywbeth hudol yn yr ysgrifennu a gofynnodd am gael cyfarfod gyda William. Cyn hir roedd y llyfr wedi ei gyhoeddi'n fasnachol, gydag ail argraffiad yn 1908 a thrydydd argraffiad yn 1910.

Roedd un awdur enwog, dylanwadol, hefyd wedi hoffi'r gyfrol, sef y dramodydd George Bernard Shaw, a ysgrifennodd bethau caredig am y cerddi yn y *Daily Mail*. Dyma oedd dechrau gyrfa go iawn W. H. Davies fel bardd. Bu bardd arall, Edward Thomas, yn garedig wrtho, gan gynnig lle iddo fyw mewn bwthyn yn ne Lloegr ac awgrymu hefyd y dylai ysgrifennu am ei brofiadau yn crwydro America. Roedd y llyfr yma, *The Autobiography of a Super-Tramp*, a gyhoeddwyd yn 1908, yn llwyddiant mawr gan werthu'n dda ac yn gyson.

Roedd Edward Thomas o dras Gymreig ac yn ysgrifennu i'r *Daily Chronicle*. Dechreuodd dalu'r rhent ar y bwthyn i William, sef Stidulph's Cottage, ar Egg Pie Lane yn Sevenoaks, Swydd

Caint. Roedd Edward Thomas hefyd wedi talu saer i greu coes bren newydd iddo.

Pan oedd William dros ei 50 oed priododd fenyw ifanc 23 oed, Helen Payne, a bu'r ddau gyda'i gilydd nes i'r crwydryn o fardd farw yn 69 mlwydd oed yn 1940. Ysgrifennodd am y berthynas hapus ac annisgwyl mewn llyfr o'r enw *Young Emma* a gafodd ei gyhoeddi ar ôl i Helen farw, gan esbonio ei bod hi'n feichiog pan gwrddodd y ddau am y tro cyntaf.

Ysgrifennodd y bardd prysur hwn 636 o gerddi ac mae'r rhan fwyaf ohonyn nhw'n ymwneud â natur a'r pleser o gael cwmni pobl eraill. Mae un wedi tyfu'n glasur, sef 'Leisure' sy'n sôn am sut y gall bywyd fod yn well o edrych o gwmpas, edrych yn hir ar bethau, hyd yn oed y pethau syml:

No time to see, when woods we pass,
Where squirrels hide their nuts in grass.

No time to see, in broad daylight,
Streams full of stars, like skies at night.

No time to turn at Beauty's glance,
And watch her feet, how they can dance.

No time to wait till her mouth can
Enrich that smile her eyes began.

A poor life this if, full of care,
We have no time to stand and stare.

Dyma ddyn oedd wedi sefyll ac edrych, ac ysgrifennu am y profiad hwnnw mewn iaith syml, agored. Does dim rhyfedd ei fod yn fardd mor boblogaidd, hyd yn oed heddiw, a nifer o bobl yn cadw ei eiriau pert ar gof.

WILLIAM WILLIAMS, PANTYCELYN

Emynydd gorau Cymru

MAE WILLIAM WILLIAMS, PANTYCELYN yn cael ei ystyried yn un o gewri llenyddiaeth Gymraeg, ond mae'n cael ei gofio yn bennaf fel emynydd, ac yntau wedi ysgrifennu'n agos at fil o emynau. Ie, mil! Ysgrifennodd ddau gasgliad o emynau yn Saesneg: *Hosannah to the Son of David* a *Gloria in Excelsis*. Ei emyn enwocaf ydy 'Arglwydd, arwain trwy'r anialwch', sy'n fwy adnabyddus fel 'Guide me, O thou great Jehovah' (cyfieithiad Peter Williams, 1771) ac, yn wir, fel 'Bread of Heaven' sy'n boblogaidd iawn ymhlith cefnogwyr rygbi. Mae'r gwreiddiol yn dechrau gyda'r pennill:

Arglwydd, arwain trwy'r anialwch,
Fi bererin gwael ei wedd,
Nad oes ynof nerth na bywyd
Fel yn gorwedd yn y bedd:
Hollalluog, Hollalluog
Ydyw'r Un a'm cwyd i'r lan.

Caiff yr emyn hwn ei ganu ar yr alaw 'Cwm Rhondda' mewn priodasau ac angladdau fel ei gilydd. Cafodd yr emyn hefyd ei ganu yn seremoni agoriadol Stadiwm y Mileniwm yn 1999, yn y ffilm enwog *How Green was my Valley* gan y cyfarwyddwr John Ford yn 1941, ac yn angladd y Dywysoges Diana yn 1997. Ond pan mae môr o leisiau yn canu'r emyn, yn yr Albert Hall yn Llundain er enghraifft, neu ar derasau Stadiwm y Principality, mae clywed pŵer y geiriau a'r melodi yn llifo'n un yn ddigon i godi cryd.

Ond nid yw pawb yn gwybod sut y bu i Pantycelyn – ac mae nifer yn defnyddio dim ond yr enw 'Pantycelyn' – fod yn gyfrifol am ysgrifennu'r gân bop fwyaf poblogaidd erioed yn yr iaith Gymraeg. Ar ddechrau'r 1970au roedd cynhyrchydd teledu gyda BBC Cymru wedi clywed fersiwn o'r dôn 'Amazing Grace' yn cael ei chwarae gan bibau a drymiau'r Royal Scots Dragoon Guards. Cafodd y syniad o wneud rhywbeth tebyg drwy briodi emyn William Williams, Pantycelyn gyda'r un melodi. Pan recordiodd y gantores Iris Williams ei fersiwn hi roedd yn llwyddiant enfawr. Mae'r record wedi gwerthu mwy o gopïau nag unrhyw gân bop arall yn yr iaith Gymraeg.

Cafodd yr emynydd ei eni ar fferm Cefn-coed ger Llanymddyfri ar 11 Chwefror 1717, cyn symud i fferm Pantycelyn ger Pentre-tŷ-gwyn ar ôl marwolaeth ei dad. Roedd William â'i fryd ar fynd yn feddyg a bu'n astudio yn Athrofa Llwyn-llwyd ger Talgarth yn Sir Frycheiniog. Priododd Mari Francis ac fe fagon nhw wyth o blant – chwe merch a dau fab. Roedd gan Mari dir yn Llansawel ac felly roedd William, fel ffermwr, meistr tir, cyhoeddwr a gwerthwr te, yn ennill digon o incwm i gadw'r teulu yn weddol gysurus. Mae disgynyddion yr emynydd yn parhau i fyw ar fferm Pantycelyn hyd heddiw.

Cafodd ei fagu'n Annibynnwr gan addoli yng nghapel Cefnarthen, ond pan oedd tua ugain oed, fe glywodd un o arweinwyr y Diwygiad Methodistaidd, Howel Harris, yn pregethu yn Nhalgarth ac fe gafodd dröedigaeth. Ymunodd â'r Eglwys Anglicanaidd a chael ei ordeinio'n ddiacon yn 1740. Bu hefyd yn giwrad i Theophilus Evans, awdur y llyfr hanes enwog *Drych y Prif Oesoedd*. Ond cafodd ei wahardd rhag mynd yn offeiriad, ac mae'n debyg iddo fod yn esgeulus o'i braidd am ei fod yn gweld bod ganddo alwedigaeth arall.

Oherwydd ei fod yn Fethodist – mudiad o fewn yr Eglwys oedd ar dân i hybu neges Iesu

Grist – roedd yn amhoblogaidd ymhlith rhai. Cafodd ei anfon gan yr Eglwys i weithio mewn dau blwyf, sef Llanwrtyd ac Abergwesyn. Nifer fach iawn oedd yn mynychu'r eglwys yno oherwydd bod cyn lleied o bobl yn byw yn y llefydd diarffordd yma. Gwrthododd Esgob Tyddewi ei wneud yn offeiriad llawn, felly penderfynodd Pantycelyn fynd yn bregethwr teithiol a gallai deithio milltiroedd lawer mewn blwyddyn.

Nid William Williams, y Pêr Ganiedydd, oedd y cyntaf i ysgrifennu emynau yn Sir Gaerfyrddin. Cyfieithodd y porthmon Dafydd Jones o Gaeo nifer o emynau gan yr emynydd Seisnig Isaac Watts o'r Saesneg i'r Gymraeg. Ond roedd gweithiau William Williams, Pantycelyn yn fwy gwreiddiol ac yn sicr yn fwy niferus. Ysgrifennodd Pantycelyn 800 o emynau yn Gymraeg a 200 yn Saesneg, ac roedd ynddyn nhw eiriau personol iawn. Disgrifiwyd yr emynau gan y newyddiadurwr Vaughan Roderick, sy'n berthynas i'r emynydd enwog, fel 'llythyron caru i Iesu Grist'.

Byddai'r emynau yn cael effaith anhygoel ar y Methodistiaid cynnar, a allai ailadrodd yr un pennill gymaint â 30 neu 40 o weithiau heb flino. Gallai'r gynulleidfa mewn eglwys ddechrau neidio i fyny ac i lawr yn wyllt wrth ganu, nes bod pobl yn Lloegr yn eu galw'n 'Welsh Jumpers'.

Ar ei ffordd o gwmpas y wlad byddai Pantycelyn nid yn unig yn pregethu ond hefyd yn gwerthu ei lyfrau a gwerthu te. Ambell waith byddai ei wraig Mari yn teithio gydag e. Roedd ganddi hi lais canu arbennig iawn, a phan fyddai William yn gorffen ysgrifennu emyn byddai'n gofyn iddi ei ganu iddo. Mae'n debyg y byddai'n teithio tua thair mil o filltiroedd bob blwyddyn, dros gan mil o filltiroedd yn ystod ei oes, ar gefn ei geffyl.

Cyhoeddodd tua 90 o lyfrau a llyfrynnau i gyd, yn gerddi hir, rhyddiaith, marwnadau ac emynau. Mae'n cael ei alw gan rai yn fardd Rhamantaidd cynnar oherwydd fod ei ysgrifennu mor bersonol ac angerddol.

Bu farw ar 11 Ionawr 1791, a chladdwyd awdur rhai o emynau mwyaf Cymru mewn mynwent dawel yn Llanfair-ar-y-bryn y tu allan i Lanymddyfri. Mae capel coffa William Williams ar stryd fawr Llanymddyfri ac mae'r ysgol gyfun yn y dref yn dwyn ei enw. Gellir darllen am ei fywyd a'i waith yn y ganolfan ymwelwyr yno. Ond mae pobl yn cofio am Bantycelyn yn bennaf pan fydd un o'i emynau yn cael ei ganu.

Ef yw'r emynydd, yn anad neb arall, sy'n treiddio i galonnau a meddyliau ei gydwladwyr.

Mudiad y bobl

Roedd cyfnod y Chwyldro Diwydiannol yn llawn salwch a mwg ac amodau gwaith peryglus mewn ffowndri, ffatri a phwll glo. Byddai dynion, menywod a hyd yn oed plant yn gweithio dan amodau brwnt am gyflogau gwael iawn. Dechreuodd pobl frwydro i wella eu bywydau, ac i roi mwy o rym i bobl gyffredin yn hytrach na'r bobl gyfoethog oedd yn berchen ar y llefydd gwaith.

Dan arweiniad dynion fel William Lovett ac Ernest Jones ysgrifennwyd Siarter y Bobl – rhestr o hawliau a newidiadau a gyhoeddwyd yn 1838. Rhoddodd hwn ei enw i fudiad y Siartwyr oedd yn brwydro i sicrhau bod pob gweithiwr yn cael yr hawl i bleidleisio. Doedd hwn ddim yn syniad newydd: roedd pobl wedi bod yn dadlau dros hyn am yn agos at hanner canrif. Ond roedd y Siarter yn tynnu gweithwyr ym mhob ardal a phob math o ddiwydiant at ei gilydd, gan ofyn am hanner dwsin o bethau yr oedd angen eu newid:

- Rhaid i bob dyn dros 21 oed gael yr hawl i bleidleisio mewn etholiad.
- Rhaid cael pleidlais ddirgel i bawb.
- Rhaid newid y drefn fel y gallai unrhyw un fod yn Aelod Seneddol, nid y sawl oedd yn berchen tir yn unig.
- Dylai Aelod Seneddol gael ei dalu. Byddai hyn yn gadael i weithiwr neu unrhyw ddyn cyffredin gynrychioli pobl eraill yn Llundain yn yr un modd â rhywun cyfoethog, gan ddod â thegwch i'r broses.
- Rhaid gwneud yn siŵr fod pob etholaeth yr un maint, gyda'r un nifer o bleidleiswyr ym mhob un.
- Rhaid cael etholiadau blynyddol. Roedd nifer o wleidyddion yn aros mewn grym yn rhy hir, ac yn medru bygwth pobl i bleidleisio drostyn nhw, yn enwedig os oedden nhw'n weithwyr yn eu gweithfeydd.

Tyfodd Siartiaeth oherwydd y twf mewn cyrff oedd yn cynrychioli'r gweithwyr, gydag un corff yn cael ei sefydlu yng Nghaerfyrddin yn 1837. Tyfodd cefnogaeth mewn trefi fel y Drenewydd a Llanidloes oedd yn cynhyrchu gwlân yng nghanolbarth Cymru. Oherwydd nad oedd pobl yn gwrando arnyn nhw, dechreuodd y protestiadau ar y stryd. Yn y

Drenewydd yn 1838 sefydlwyd cymdeithas gan grefftwyr a masnachwyr bach oedd yn dadlau'n gryf yn erbyn y ffaith fod pobl gyfoethog yn berchen ar gymaint o'r tir, a'r eiddo. Oherwydd y monopoli hwn roedd yr arian mawr oedd yn cael ei gynhyrchu drwy chwys y gweithwyr yn mynd yn syth i bocedi'r tirfeddianwyr. Roedd rhaid sicrhau grym i'r gweithwyr.

Erbyn haf 1839 roedd cymaint â 25,000 o ddynion a menywod wedi ymaelodi â chymdeithasau democrataidd. Daeth nifer fawr i gynhadledd gyntaf y Siartwyr yn 1839. Gan fod pobl bellach yn tynnu at ei gilydd ac yn protestio gyda'i gilydd roedd ganddyn nhw lais pwerus.

Ar nos Sul, 3 Tachwedd 1839, eisteddodd saer coed 19 mlwydd oed o'r enw George Shell wrth y bwrdd i ysgrifennu llythyr at ei rieni. Ynddo, esboniodd ei fod yn mynd i frwydro dros ryddid y noson honno. Roedd y dyn ifanc yn un o filoedd oedd yn paratoi ar gyfer protest fawr, lle byddai torf o bobl yn gweiddi ac yn gorymdeithio fel un.

Ni ddigwyddodd hyn dros nos. Roedd pobl wedi bod yn cynllunio ac yn cynllwynio ers misoedd, gan gasglu arian a chuddio arfau mewn ogofâu yn barod ar gyfer yr awr fawr. Daeth yr awr honno pan wnaeth y Senedd yn Llundain wfftio Siarter y Bobl. Felly, dyma George Shell, ynghyd â rhyw 5,000 o weithwyr haearn a glo, yn cerdded o gymoedd diwydiannol Sir Fynwy i ganol Casnewydd ar fore dydd Llun, 4 Tachwedd, gan gwrdd wrth westy'r Westgate.

Yno, yn eu disgwyl, roedd maer y dre, Thomas Phillips, ynghyd â chriw o filwyr o gatrawd y 45th Foot, ac yn ogystal â'r rhain roedd dynion lleol oedd yn gweithio fel heddlu dros dro. Efallai mai'r Siartwyr a saethodd gyntaf, ond ta beth, bu ymladd ar y stryd am hanner awr, gyda 28 o'r Siartwyr yn cael eu lladd a rhyw 50 yn cael eu hanafu. Ar yr ochr arall cafodd y Maer a dau o ddynion eraill eu hanafu'n ddifrifol.

Pan aeth y milwyr i archwilio'r cyrff roedd bron pob un yn cario arf a bwledi, gan brofi nad rhywbeth a ddigwyddodd yn y fan a'r lle oedd hyn ond, yn hytrach, bod ôl cynllunio manwl ar y brotest.

Cafodd sawl un o'r protestwyr eu claddu mewn beddau dienw, heb garreg fedd, gan gynnwys George Shell druan. Cafodd tri o'r prif brotestwyr eu harestio a'u dwyn gerbron y llys i wynebu cyhuddiad o frad. Dedfrydwyd y triawd i'r gosb eithaf, sef marwolaeth, ond newidiwyd y ddedfryd a chawson nhw eu hanfon, fel rhai o Ferched Beca, i Van Diemen's Land, neu Tasmania, lle roedd bywyd yn galed iawn.

Roedd un o'r arweinwyr hyn, cyn-faer a chynghorydd yng Nghasnewydd, John Frost, yn anhapus iawn fod teulu'r Morganiaid yn Nhŷ Tredegar, y tu allan i Gasnewydd, yn codi miloedd o bunnoedd ar bobl er mwyn croesi eu tir yn cario nwyddau a chynnyrch. Yn wir, roedd pobl yn sôn am y tir yma fel y Filltir Aur. Roedd y ddau arweinydd arall – tafarnwr o Nant-y-glo o'r enw Zephaniah Williams, a William Jones, dyn oedd yn gwneud clociau a watshys ym Mhont-y-pŵl – yn credu, fel Frost, y gallen nhw ennill y dydd oherwydd bod cymaint o bobl yn sefyll ochr yn ochr â nhw. Ond doedd dim un o'r tri yn gwybod sut i ymladd, ac wrth iddyn nhw orymdeithio i Gasnewydd roedd y tywydd wedi bod yn wael iawn, gan lawio'n drwm a bygwth boddi ysbryd y dynion bob un.

Nid dyma ddiwedd ar y Siartwyr yng Nghymru oherwydd roedd yr ysbryd yn dal i losgi mewn trefi fel Merthyr Tudful, un o ganolfannau'r Chwyldro Diwydiannol. Yma, ymunodd llawer yn y Streic Fawr yn 1842 ond yn raddol tawelodd pethau drwy Gymru gyfan.

Mae ymdrechion dynion fel John Frost yn cael eu coffáu yn enw un o brif sgwariau Casnewydd, ac mae cofeb i'r Siartwyr y tu allan i westy'r Westgate. Dyma'r rhai a blannodd yr hawl sydd gan bawb ym Mhrydain sydd dros 18 oed i fwrw pleidlais, y dynion yma, fu'n cerdded gyda'i gilydd yn y glaw, yn mynnu dyfodol gwell iddyn nhw eu hunain ac i'w plant.

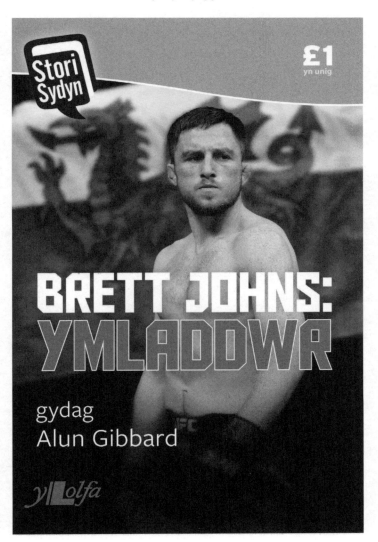

Llongyfarchiadau ar gwblhau
un o lyfrau Stori Sydyn 2018

Mae prosiect Stori Sydyn, sy'n cynnwys llyfrau bachog a byr, wedi'i gynllunio er mwyn denu darllenwyr yn ôl i'r arfer o ddarllen, a gwneud hynny er mwynhad. Gobeithiwn, felly, eich bod wedi mwynhau'r llyfr hwn.

Hoffi rhannu?

Gall eich barn chi wneud y prosiect hwn yn well. Nawr eich bod wedi darllen un o lyfrau'r gyfres Stori Sydyn, ewch i www.darllencymru.org.uk i roi eich sylwadau neu defnyddiwch @storisydyn2018 ar Twitter.

Pam dewis y llyfr hwn?
Beth oeddech chi'n ei hoffi am y llyfr?
Beth yw eich barn am y gyfres Stori Sydyn?
Pa Stori Sydyn hoffech chi ei gweld yn y dyfodol?

Beth nesaf?

Nawr eich bod wedi gorffen un llyfr Stori Sydyn – beth am ddarllen un arall? Edrychwch am deitl arall cyfres Stori Sydyn 2018.

Brett Johns: Ymladdwr
– Alun Gibbard